6段階
マルチレベル・リスニング

①

グリーンコース
Listening Drill
全20回

GOGAKU SHUNJUSHA

はじめに

GREEN COURSE

『6段階マルチレベル・リスニング』は，英語の聞き取り問題に初めて取り組むレベルから，最難関大学の入試を目指すレベルまで，学習者の能力に合わせて **6つのレベルを設定し，段階的にリスニング力の増強を図ろうとする総合的プログラム**です。

✏️ ドリルに取り組むにあたって

① 各ドリルの所要時間は，解答時間を含めて **3分～7分**です。

② 各問題の Direction に従ってテストを開始します。《グリーンコース》は原則として **2回ずつ**音声が流れます。リスニング力向上のために，**ドリル実施は定期的に行う**ようにしてください。

③ ドリルが終了したら，解説ページの「**Listening Power Up!**」，「**学習のポイント**」，「**聞き取りのポイント**」を参考に内容・意味をチェックした後，音声を再度聞くようにしましょう。

④ ふだん，単語を覚えるときに，「音」を省いて「文字→意味」といった構図で学習しがちですが，本来は「**音→文字→意味**」というのが自然な流れです。このドリルを続けていくうちに，「音」を聞いて，それが頭の中で「意味」に直結するように，つまり，**聞いた音と文字の GAP が埋められ，「音」と「意味」を直接結びつける力が自然に身につく**ようになります。

⑤ このシリーズには，別売『**リスニング・ハンドブック**』が用意されています。第1章には「リスニングのルール」，第2章から第8章には，「発音練習」と「聞き取り練習」がいろいろな形式で収録されています。ドリルと併行して，CD の音声によって実際の音の変化に慣れていきましょう。リスニングの障害が，短時間でスピーディーにクリアされていくのをきっと実感されるはずです。

以上の点に留意し，Listening の学習にさっそく取り組んでください。

石井 雅勇

目　次

Listening Drill① 朝の起床から外出するまでの表現の聞き取り
　　　〃　　② 家庭内での動作表現の聞き取り
　　　〃　　③ セリフとイラストを結びつける問題
　　　〃　　④ Speaking formに慣れよう
　　　〃　　⑤ レストランでの会話

Listening Drill⑥ 英語の名前，交通機関に関する聞き取り
　　　〃　　⑦ 適切なイラストを選ぶ問題(1)
　　　〃　　⑧ [l]音と[r]音の聞き分けトレーニング(1)
　　　〃　　⑨ [l]音と[r]音の聞き分けトレーニング(2)
　　　〃　　⑩ 適切なイラストを選ぶ問題(2)

Listening Drill⑪ 正しい"Responses"を選ぶ問題
　　　〃　　⑫ 疑問詞・「数字」の聞き取りトレーニング(1)
　　　〃　　⑬ 同音異義語の聞き取り
　　　〃　　⑭ 音のつながりの聞き取り
　　　〃　　⑮ 紛らわしい音の聞き取り

Listening Drill⑯ [b]音と[v]音の聞き分けトレーニング(1)
　　　〃　　⑰ [b]音と[v]音の聞き分けトレーニング(2)
　　　〃　　⑱ 「数字」の聞き取りトレーニング(2)
　　　〃　　⑲ 物理音より「意味音」を聞き取るトレーニング
　　　〃　　⑳ やや長い会話の聞き取り

> CD音声の該当箇所（放送文の呼び出し箇所の番号）は，解答・解説編に詳しく記してあります。

スコアシート 《グリーンコース》

	SCORE	LEVEL A / B / C		SCORE	LEVEL A / B / C
記入例	15/25	5 10 15 20 (bar to 15)	Drill ⑪	/40	5 10 15 20 25 30 35
Drill ①	/50	5 10 15 20 25 30 35 40 45	Drill ⑫	/65	10 20 30 40 50 60
Drill ②	/40	5 10 15 20 25 30 35	Drill ⑬	/60	5 10 15 20 25 30 35 40 45 50 55
Drill ③	/40	5 10 15 20 25 30 35	Drill ⑭	/35	5 10 15 20 25 30
Drill ④	/50	5 10 15 20 25 30 35 40 45	Drill ⑮	/60	5 10 15 20 25 30 35 40 45 50 55
Drill ⑤	/30	5 10 15 20 25	Drill ⑯	/60	5 10 15 20 25 30 35 40 45 50 55
Drill ⑥	/40	5 10 15 20 25 30 35	Drill ⑰	/60	5 10 15 20 25 30 35 40 45 50 55
Drill ⑦	/10	5	Drill ⑱	/50	5 10 15 20 25 30 35 40 45
Drill ⑧	/60	5 10 15 20 25 30 35 40 45 50 55	Drill ⑲	/45	5 10 15 20 25 30 35 40
Drill ⑨	/60	5 10 15 20 25 30 35 40 45 50 55	Drill ⑳	/15	5 10
Drill ⑩	/25	5 10 15 20			

《使用法と見方》

(1) リスニングドリルの得点を SCORE 欄に記入し，棒グラフをつくってみよう。グラフを見れば，リスニングの伸長度がひと目でわかります。

(2) LEVEL 欄の A，B，C はリスニング力の判定基準です。

	レベル	レベル設定の基準と概要
A	英検5級レベル未満	★努力目標…アクセントの位置や細かい発音にこだわらず，基本単語の聞き取りを重視して，音声を聞く回数をどんどん増やそう。
B	英検5級レベル ■単語レベル 約500～600words	●初歩的な日常語を聞き取れる。日常慣用表現やイラストを見ながら英語の意味を聞き取れる。 ★努力目標…「生活英語」の発音練習を繰り返し，『リスニング・ハンドブック』でカタカナで示した発音に慣れるようにしよう。音声の速さに慣れるまで繰り返し聞こう。
C	英検4級レベル／TOEIC300点以下 ■単語レベル 約1000～1300words	●平易な英語の聞き取りができる。 ★努力目標…「ストレス」のおかれる単語を認識できる力（強形と弱形の区別：identifying stressed words）を身につけよう。ナチュラルスピードで起こる現象（リスニングのルール）を完全に攻略しよう。

GREEN COURSE

Listening Drill ①

 朝の起床から外出するまでの表現の聞き取り

● Direction

　朝起きてから外出するまでの動作を表す10個の表現が放送されます。㈱〜㈿の選択肢の中から，聞こえてくる英語と同じ意味の日本語を1つずつ選びなさい。英語は2度ずつ読まれます。
Listen. Choose the correct answer.

㈱ 服を着る　　　　　　　　㈼ トイレに行く

㈽ 化粧をする　　　　　　　㈾ 髪をブラシでとかす

㈿ シャワーを浴びる　　　　㉀ 歯をみがく

㉁ 朝食をとる　　　　　　　㉂ 目覚ましをセットする

㉃ 起床する　　　　　　　　㉄ 洗顔する

＊各5点

① _____　② _____　③ _____　④ _____　⑤ _____

⑥ _____　⑦ _____　⑧ _____　⑨ _____　⑩ _____

解答時間 2分　　Score: _____点

GREEN COURSE

Listening Drill ②

UNIT 家庭内での動作表現の聞き取り

● Direction

　家庭内での日常的な行動を表す8つの語句が放送されます。(ア)～(ク)の選択肢の中から，聞こえてくる英語を表すイラストを1つずつ選びなさい。英語は2度ずつ読まれます。

Listen. Choose the correct answer.

(ア) 　　(イ)

(ウ) 　　(エ)

(オ) 　　(カ)

(キ) 　　(ク)

＊各5点

① _____　② _____　③ _____　④ _____

⑤ _____　⑥ _____　⑦ _____　⑧ _____

解答時間 2分

Score: _____点

GREEN COURSE

Listening Drill ③

 セリフとイラストを結びつける問題

● Direction

　放送される3つのセリフに合う絵を選択肢(ア)〜(ウ)の中から1つずつ選びなさい。英文は2度ずつ読まれます。

Listen. Match the expressions with the pictures.

(ア) 　　(イ) 　　(ウ)

＊各5点　1. _____　　2. _____　　3. _____

UNIT 2　ふさわしい"Responses"を選ぶ問題

● Direction

　放送される5つの質問文を聞いて、それぞれにふさわしい応答文を(a), (b)から1つずつ選び、記号を○で囲みなさい。

Listen to each question carefully. Then choose an answer.

＊各5点

① (a) Yes, my friend did.　　　② (a) Yes, of course.
　(b) Yes, with my friend.　　　　(b) No, we didn't.

③ (a) Yes, we did.　　　　　　④ (a) Yes, it was.
　(b) In the mountains.　　　　　(b) No, I wasn't.

⑤ (a) No, on Sunday.
　(b) Yes we will.

解答時間 3分　　Score: _____ 点

GREEN COURSE

Listening Drill ④

 Speaking formに慣れよう

● Direction

以下の英文の下線部は，speaking formで書かれています。放送を聞き，《例》にならって，[A]欄にはそれぞれの英文の下線部をwriting formで書き直し，[B]欄には日本語訳を記入しなさい。英文は2度ずつ読まれます。

Listen. Write the answer in English and Japanese.

《例》　[speaking form]　　　　[writing form]
　　　　izzy your brother.　→　Is he your brother?

＊[A]各3点，[B]各2点

1. 'R' you in this class?
   [A]＿＿＿＿＿＿＿＿　[B]＿＿＿＿＿＿＿＿＿＿＿＿

2. Ishi your friend?
   [A]＿＿＿＿＿＿＿＿　[B]＿＿＿＿＿＿＿＿＿＿＿＿

3. 'R' they in your family?
   [A]＿＿＿＿＿＿＿＿　[B]＿＿＿＿＿＿＿＿＿＿＿＿

4. Duzshi speak English?
   [A]＿＿＿＿＿＿＿＿　[B]＿＿＿＿＿＿＿＿＿＿＿＿

5. Didja see Susan today?
   [A]＿＿＿＿＿＿＿＿　[B]＿＿＿＿＿＿＿＿＿＿＿＿

6. D-ya live in England?
   [A]＿＿＿＿＿＿＿＿　[B]＿＿＿＿＿＿＿＿＿＿＿＿

7. Izzy your uncle?
   [A]＿＿＿＿＿＿＿＿　[B]＿＿＿＿＿＿＿＿＿＿＿＿

8. D-ya know my father?
   [A]＿＿＿＿＿＿＿＿　[B]＿＿＿＿＿＿＿＿＿＿＿＿

9. Didshi go to China?
   [A]＿＿＿＿＿＿＿＿　[B]＿＿＿＿＿＿＿＿＿＿＿＿

10. Didee talk to you?
    [A]＿＿＿＿＿＿＿＿　[B]＿＿＿＿＿＿＿＿＿＿＿＿

解答時間 3分

Score: ＿＿＿＿点

GREEN COURSE

Listening Drill ⑤

 レストランでの会話

● Direction

　いろいろなレストランでの6つの会話を聞いて，客がそれぞれのメニューを気に入っているかどうか聞き取りなさい。気に入っている場合は○，気に入っていなければ×をつけなさい。英文は2度ずつ読まれます。

Listen to customers in different restaurants. Do they like their food?

＊各5点

① ＿＿＿＿＿＿

② ＿＿＿＿＿＿

③ ＿＿＿＿＿＿

④ ＿＿＿＿＿＿

⑤ ＿＿＿＿＿＿

⑥ ＿＿＿＿＿＿

解答時間 2分

Score: ＿＿＿＿点

GREEN COURSE

Listening Drill ⑥

UNIT 1　英語の名前の聞き取り

● Direction

　6つの短い英文を聞いて，人の名前のつづりの正しいものには○，誤っているものには×をつけなさい。英文は2度ずつ読まれます。

Listen. Answer the questions.

＊各5点

1. D-A-N　（　　）　　2. J-O-D-Y　（　　）　　3. R-I-C-H-A-R-D　（　　）
4. L-O-R-P-H　S-M-I-T-H（　　）　　5. S-T-E-V-E　（　　）
6. E-I-R-I-K　（　　）

UNIT 2　交通機関に関する聞き取り

● Direction

　2人の会話を聞き，次の質問に対する最も適切な答えを(A)〜(D)から1つずつ選び，記号を○で囲みなさい。

Listen. Choose the correct answer.

＊各5点

1. What does the second speaker recommend the first speaker to take?

    (A) The bus or his car.
    (B) His car or the subway.
    (C) The subway or the streetcar.
    (D) The streetcar or the bus.

2. What will the first speaker have to get at the station?

    (A) A 25-cent ticket.
    (B) A $20 ticket.
    (C) A $1.00 token.
    (D) A $1.25 token.

解答時間　4分　　Score: _____点

Listening Drill ⑦

CD 9

UNIT 適切なイラストを選ぶ問題(1)

● **Direction**

No.1，No.2 の順に，英文を2度ずつ放送します。それぞれの英文の内容を表している絵を，選択肢(ア)～(エ)の中から１つずつ選び，記号を○で囲みなさい。英文は2度ずつ読まれます。

Listen. Choose the correct picture.

＊各5点

No.1

(ア)

(イ)

(ウ)

(エ)

No.2

(ア)

(イ)

(ウ)

(エ)

解答時間 3 分

Score: ＿＿＿＿＿点

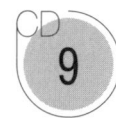

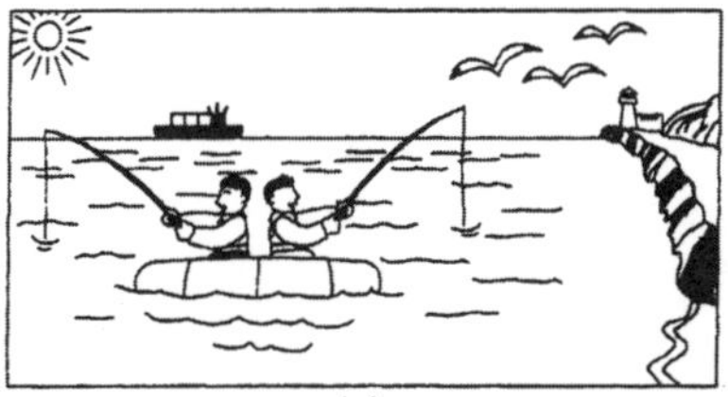

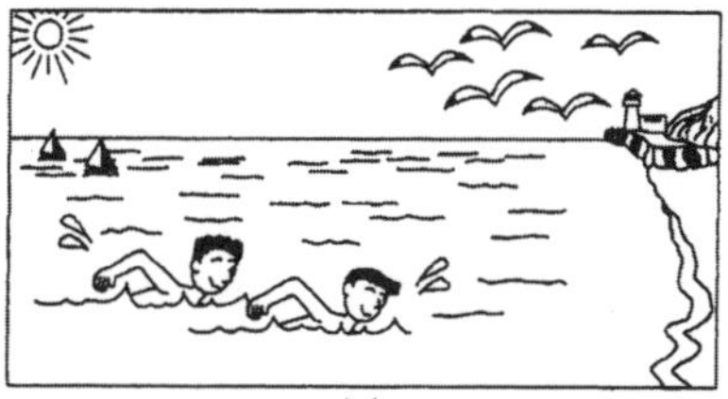

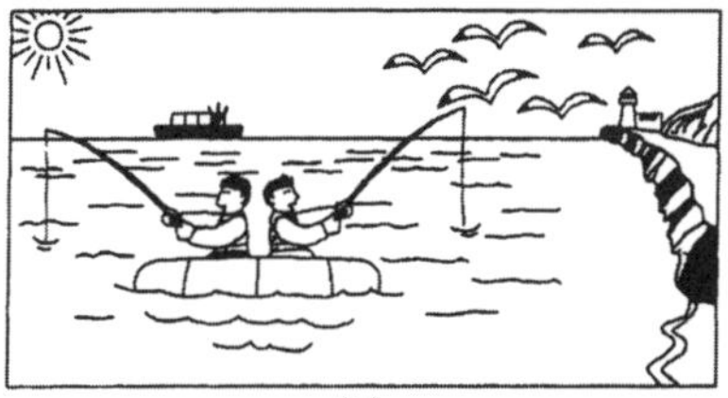

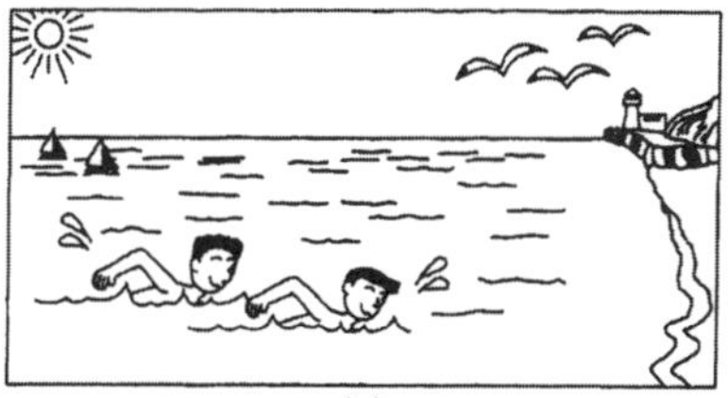

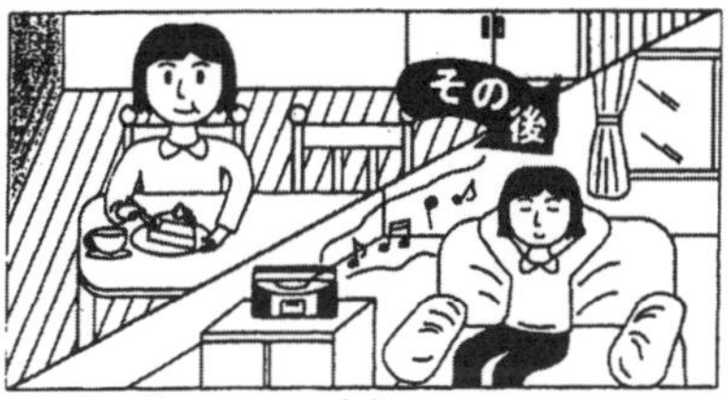

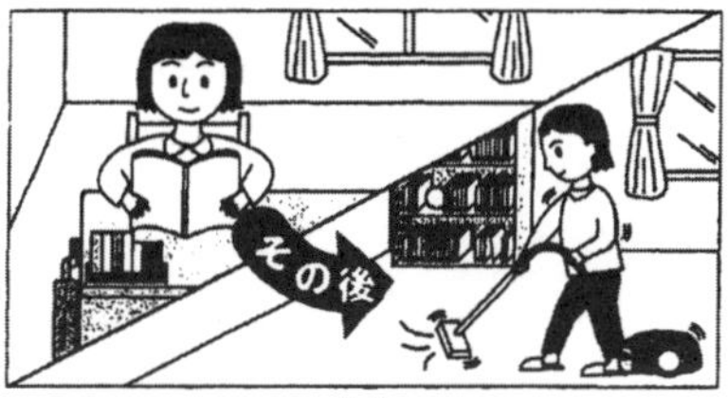

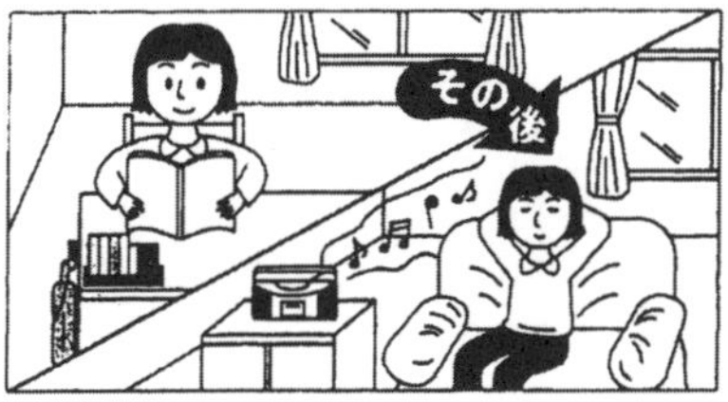

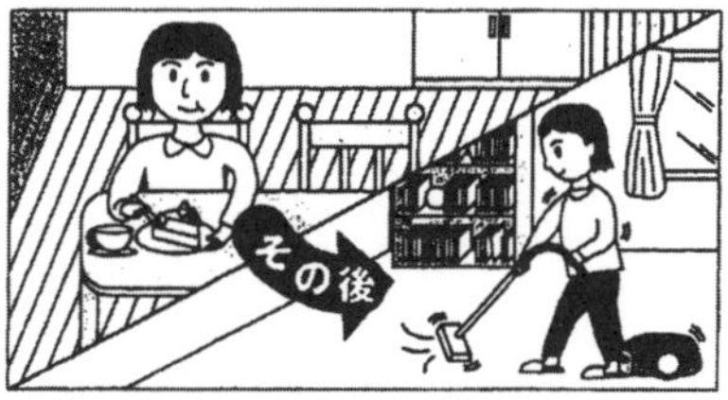

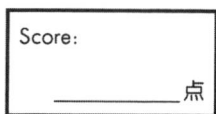

GREEN COURSE

Listening Drill ⑧

 UNIT　[l]音と[r]音の聞き分けトレーニング(1)

● Direction

　放送される20個の単語を聞いて，各語が[l]音を含む場合はlを，[r]音を含む場合はrを○で囲みなさい。単語は2度ずつ読まれます。

Listen. Choose the correct answer.

＊各3点

① l － r　　② l － r　　③ l － r

④ l － r　　⑤ l － r　　⑥ l － r

⑦ l － r　　⑧ l － r　　⑨ l － r

⑩ l － r　　⑪ l － r　　⑫ l － r

⑬ l － r　　⑭ l － r　　⑮ l － r

⑯ l － r　　⑰ l － r　　⑱ l － r

⑲ l － r　　⑳ l － r

解答時間 3分　　Score: ＿＿＿＿点

GREEN COURSE

Listening Drill ⑨

 [l]音と[r]音の聞き分けトレーニング⑵

● Direction

放送される①～⑮，各(a)・(b)，計30個の語句を聞いて，それぞれの語句が [l] 音を含む場合はlを，[r] 音を含む場合はrを○で囲みなさい。語句は2度ずつ読まれます。

Listen. Choose the correct answer.

＊各2点(2点×30＝60点)

① { (a) l ― r
　 (b) l ― r

② { (a) l ― r
　 (b) l ― r

③ { (a) l ― r
　 (b) l ― r

④ { (a) l ― r
　 (b) l ― r

⑤ { (a) l ― r
　 (b) l ― r

⑥ { (a) l ― r
　 (b) l ― r

⑦ { (a) l ― r
　 (b) l ― r

⑧ { (a) l ― r
　 (b) l ― r

⑨ { (a) l ― r
　 (b) l ― r

⑩ { (a) l ― r
　 (b) l ― r

⑪ { (a) l ― r
　 (b) l ― r

⑫ { (a) l ― r
　 (b) l ― r

⑬ { (a) l ― r
　 (b) l ― r

⑭ { (a) l ― r
　 (b) l ― r

⑮ { (a) l ― r
　 (b) l ― r

解答時間 3分

Score: ＿＿＿＿点

GREEN COURSE

Listening Drill ⑩

UNIT 適切なイラストを選ぶ問題⑵

● Direction

　5つの会話が放送されます。それぞれの会話で必要とされている買物の品をすべて，次のイラストの中から選びなさい。英文は2度ずつ読まれます。

Listen. What do they need to buy? Choose the items.

①  ②  ③

④ 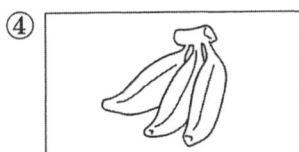 ⑤ 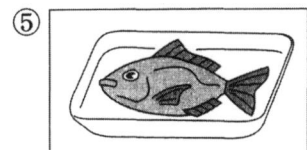 ⑥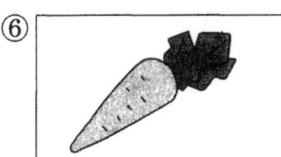

⑦  ⑧  ⑨

⑩

＊各5点

1. _____　　2. _____　　3. _____

4. _____　　5. _____

解答時間 2分　　Score: _____点

GREEN COURSE

Listening Drill ⑪

 UNIT 正しい "Responses" を選ぶ問題

● Direction

　8つの英語の質問文が放送されます。それぞれの質問に対する応答として適切なものを(a), (b)から1つずつ選び，記号を○で囲みなさい。英文は2度ずつ読まれます。
Listen to each question carefully. Then choose the correct answer.

　＊各5点

1. (a) Sure, go ahead.
   (b) Don't worry about it.

2. (a) Yes, it is.
   (b) No, I am not.

3. (a) Thanks.
   (b) No, thanks.

4. (a) Yes, I did.
   (b) I didn't know.

5. (a) He is my friend.
   (b) Mr. Okada is.

6. (a) At 9 o'clock.
   (b) Yes, it is.

7. (a) Because it's fun.
   (b) Yes, it is.

8. (a) I'm fine.
   (b) No, thank you.

解答時間 3分　Score: ＿＿＿点

Listening Drill ⑫

UNIT 1　疑問詞の聞き取り

● Direction

　一方が質問し，他方がそれに答えるという形で6つの会話が放送されます。それぞれの会話の質問文の最初の2語を書き取りなさい。英文は2度ずつ読まれます。
Listen. Write the answer in English.

＊各5点（2語とも正解でなければ無得点）

1. _____ _____　　2. _____ _____

3. _____ _____　　4. _____ _____

5. _____ _____　　6. _____ _____

UNIT 2　「数字」の聞き取りトレーニング(1)

● Direction

　放送される英文を聞いて，次の空所にあてはまる数字を算用数字で書き入れなさい。英文は2度ずつ読まれます。
Listen and fill in the information.

＊各5点

1. 人は1日にまばたきを約（　　　　　　　）回します。

2. 人の心臓は1日に約（　　　　　　　）回鼓動します。

3. 人の体は（　　　　　　　）パーセントが水でできています。

4. 人の大脳は時速（　　　　　　　）キロメートルの速さで情報を送ります。

5. 1日に約（　　　　　　　）リットルの血液が腎臓(じんぞう)を通過します。

6. 人の頭には約（　　　　　　　）本の毛髪があります。

7. 人の大脳には（　　　　　　　）もの神経細胞があります。

解答時間 3分　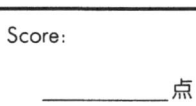

GREEN COURSE

Listening Drill ⑬

 UNIT 同音異義語の聞き取り

● Direction

音が同じで意味が異なる英単語が2つずつ並んでいます。放送される計20の英文を聞き、それぞれの英文で使われている単語はどちらか、(ア)、(イ)のうち正しいほうの記号を○で囲みなさい。

Listen. Choose the correct one.

＊各3点

1.　(ア) too   (イ) two   2.　(ア) red   (イ) read

3.　(ア) blew   (イ) blue   4.　(ア) ant   (イ) aunt

5.　(ア) would   (イ) wood   6.　(ア) eight   (イ) ate

7.　(ア) stares   (イ) stairs   8.　(ア) hear   (イ) here

9.　(ア) son   (イ) sun   10.　(ア) for   (イ) four

11.　(ア) meat   (イ) meet   12.　(ア) write   (イ) right

13.　(ア) there   (イ) their   14.　(ア) so   (イ) sew

15.　(ア) witch   (イ) which   16.　(ア) dew   (イ) due

17.　(ア) threw   (イ) through   18.　(ア) maid   (イ) made

19.　(ア) one   (イ) won   20.　(ア) our   (イ) hour

解答時間 **3** 分

Score: _____ 点

Listening Drill ⑭

 音のつながりの聞き取り

● Direction

放送される会話を聞いて，下の空欄にあてはまる語句を書き取りなさい。英文は2度読まれます。

Listen. Write the words.

＊各5点

A : Oh, no. Did I ①_____ much salt in?

B : I'm afraid so. Add a ②_____ .

A : Is this O.K.?

B : Let me ③_____ . Hmm … not bad.

　　　　Maybe a ④_____ .

A : All right … ⑤_____ now?

B : Hmm, much ⑥_____ . Now, Kate, we'll make the

⑦_____ .

解答時間 4 分

Score: _____ 点

GREEN COURSE

Listening Drill ⑮

 紛らわしい音の聞き取り

● Direction

放送される次の英文を聞いて，それぞれカッコ内のア，イのうち正しいほうを○で囲みなさい。英文は2度ずつ読まれます。
Listen. Choose the correct word.

＊各4点

(1) Would you like to (ア．leave　イ．live) here?

(2) Look at that (ア．sheep　イ．ship)!

(3) Did you enjoy the (ア．ball　イ．bowl) game?

(4) There's a (ア．hall　イ．hole) in the building.

(5) I (ア．want to　イ．won't) ask you.

(6) How many (ア．desks　イ．disks) are there?

(7) Can I borrow your (ア．pens　イ．pins)?

(8) Did you see this (ア．letter　イ．litter)?

(9) My dad really loved this (ア．hut　イ．hat).

(10) Will you pass me the (ア．cup　イ．cap) there?

(11) I didn't (ア．shut　イ．shot) the window.

(12) Can I see the (ア．cup　イ．cop)?

(13) This is (ア．nut　イ．not) cake.

(14) Have you seen my (ア．pan　イ．pen)?

(15) Do you (ア．hear　イ．fear) that?

解答時間 3分

Score: ＿＿＿＿点

Listening Drill ⑯

UNIT ［b］音と［v］音の聞き分けトレーニング⑴

● Direction

　放送される計20個の単語を聞いて，各語が［b］音を含む場合はbを，［v］音を含む場合はvを○で囲みなさい。単語は2度ずつ読まれます。

Listen. Choose the correct answer.

＊各3点

① b — v　　② b — v　　③ b — v

④ b — v　　⑤ b — v　　⑥ b — v

⑦ b — v　　⑧ b — v　　⑨ b — v

⑩ b — v　　⑪ b — v　　⑫ b — v

⑬ b — v　　⑭ b — v　　⑮ b — v

⑯ b — v　　⑰ b — v　　⑱ b — v

⑲ b — v　　⑳ b — v

解答時間 3分

Score: _____点

GREEN COURSE

Listening Drill ⑰

CD 23〜25

UNIT [b]音と[v]音の聞き分けトレーニング⑵

● Direction

放送される①〜⑮，各(a)・(b)，計30個の語句を聞いて，それぞれの語句が[b]音を含む場合はbを，[v]音を含む場合はvを○で囲みなさい。語句は2度ずつ読まれます。

Listen. Choose the correct answer.

＊各2点 (2点×30＝60点)

① (a) b — v
　 (b) b — v

② (a) b — v
　 (b) b — v

③ (a) b — v
　 (b) b — v

④ (a) b — v
　 (b) b — v

⑤ (a) b — v
　 (b) b — v

⑥ (a) b — v
　 (b) b — v

⑦ (a) b — v
　 (b) b — v

⑧ (a) b — v
　 (b) b — v

⑨ (a) b — v
　 (b) b — v

⑩ (a) b — v
　 (b) b — v

⑪ (a) b — v
　 (b) b — v

⑫ (a) b — v
　 (b) b — v

⑬ (a) b — v
　 (b) b — v

⑭ (a) b — v
　 (b) b — v

⑮ (a) b — v
　 (b) b — v

解答時間 3分

Score: ＿＿＿＿点

Listening Drill ⑱

UNIT 1 「数字」の聞き取りトレーニング(2)

● Direction

6つの英文を2度ずつ読み上げます。空欄にあてはまる数字や語句を読まれたとおり書き取りなさい。

Listen. Write the numbers or words you hear.

＊各5点

1. Mt. Kilimanjaro is ① _____ meters high.

2. The Arabian Desert is ② _____ square km.

3. The Amazon River is ③ _____ km long.

4. The Atlantic Ocean is ④ _____ square km.

5. The coffee shop opens at ⑤ _____ .

    It closes at ⑥ _____ .

6. There was a big earthquake in Turkey on ⑦ _____ .

UNIT 2 商品の「値段」の聞き取り

● Direction

買物での短い会話が3つ放送されます。それぞれの会話文中の商品の「値段」を聞き取り，その数字を解答欄に記入しなさい。

Listen. Write the prices.

＊各5点　1. _____ ドル　2. _____ ドル　3. _____ ドル

解答時間 4分

Score: _____ 点

Listening Drill ⑲

UNIT 物理音より「意味音」を聞き取るトレーニング

CD 28〜29

● Direction

9つの英文が放送されます。それぞれの文で説明されている品物は何か，選択肢㈠〜㈨の中から1つずつ選びなさい。英文は2度ずつ読まれます。

Listen. Choose the correct answer.

㈠ a camera

㈡ an elevator

㈢ a videotape player

㈣ a credit card

㈤ a train pass

㈥ a bank card

㈦ a pair of glasses

㈧ a cellular telephone

㈨ a pair of contact lenses

＊各5点

1. _____   2. _____   3. _____

4. _____   5. _____   6. _____

7. _____   8. _____   9. _____

解答時間 3分

Score: _____点

GREEN COURSE

Listening Drill ⑳

UNIT 1　やや長い会話の聞き取り

CD 30〜31

● Direction

　2つの対話が放送され，その内容について1つずつ質問があります。それぞれの質問に対する答えとして最も適切なものを㋐〜㋓の4つの選択肢の中から1つずつ選び，記号を○で囲みなさい。問題文，質問文ともに2度読まれます。

Listen. Choose the correct answer.

＊各5点

No.1

　㋐ From 9:00 to 5:30.　　㋑ From 9:00 to 6:00.
　㋒ From 9:30 to 5:30.　　㋓ From 9:30 to 6:00.

No.2

　㋐ At one o'clock Saturday afternoon.
　㋑ At three o'clock Saturday afternoon.
　㋒ At one o'clock Sunday afternoon.
　㋓ At three o'clock Sunday afternoon.

UNIT 2　電話による会話の聞き取り

CD 32

● Direction

　店員と客が電話で会話をしています。店員の最後の言葉につづく客の言葉として最も適切なものを㋐〜㋓の中から1つ選び，記号を○で囲みなさい。

Listen. Choose the correct answer.

＊各5点

No.3

　㋐ This evening.　　　　㋑ A table for three.
　㋒ Seven o'clock.　　　㋓ Mary White.

解答時間 4分

Score: ＿＿＿＿＿点

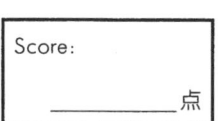

リスニングドリル

解答・解説

目　次

Listening Drill ① 朝の起床から外出するまでの表現の聞き取り …………………… 1
　　　〃　　　② 家庭内での動作表現の聞き取り ………………………………… 3
　　　〃　　　③ セリフとイラストを結びつける問題 …………………………… 5
　　　〃　　　④ Speaking form に慣れよう ……………………………………… 8
　　　〃　　　⑤ レストランでの会話 ……………………………………………… 10

Listening Drill ⑥ 英語の名前・交通機関に関する聞き取り ……………………… 13
　　　〃　　　⑦ 適切なイラストを選ぶ問題(1) …………………………………… 17
　　　〃　　　⑧ [l]音と[r]音の聞き分けトレーニング(1) ……………………… 19
　　　〃　　　⑨ [l]音と[r]音の聞き分けトレーニング(2) ……………………… 20
　　　〃　　　⑩ 適切なイラストを選ぶ問題(2) …………………………………… 22

Listening Drill ⑪ 正しい"Responses"を選ぶ問題 ………………………………… 25
　　　〃　　　⑫ 疑問詞・「数字」の聞き取りトレーニング(1) ………………… 28
　　　〃　　　⑬ 同音異義語の聞き取り …………………………………………… 31
　　　〃　　　⑭ 音のつながりの聞き取り ………………………………………… 33
　　　〃　　　⑮ 紛らわしい音の聞き取り ………………………………………… 35

Listening Drill ⑯ [b]音と[v]音の聞き分けトレーニング(1) ……………………… 37
　　　〃　　　⑰ [b]音と[v]音の聞き分けトレーニング(2) ……………………… 38
　　　〃　　　⑱ 「数字」の聞き取りトレーニング(2) …………………………… 40
　　　〃　　　⑲ 物理音より「意味音」を聞き取るトレーニング ……………… 43
　　　〃　　　⑳ やや長い会話の聞き取り ………………………………………… 45

《注》CD のトラック番号（放送文の録音音声の呼び出し箇所の番号）は，本文の各ドリルの放送
　　　文掲載個所に，**1**, **2**, **3**, ……のマークで記してあります。

《注意》

　本書に記載の【Level 1】，【Level 2】，【Level 3】の表示は，Drill の各問題の**同一
コース内における難易度**を表しており，【Level 1】から【Level 3】へ向かうほど難度
が高くなっています。

Listening Drill ①

UNIT 朝の起床から外出するまでの表現の聞き取り　【Level 1】

▼放送文 CD ①

① get up
② get dressed
③ eat breakfast
④ go to the bathroom
⑤ put on makeup
⑥ wash my face
⑦ brush my teeth
⑧ take a shower
⑨ brush my hair
⑩ set the alarm

《解答》
①―(ケ)　②―(ア)　③―(キ)　④―(イ)　⑤―(ウ)　⑥―(コ)　⑦―(カ)　⑧―(オ)　⑨―(エ)
⑩―(ク)

Listening Power Up!

日常的な英語に慣れよう。生活英語はリスニングにとってとても大切です。身近なフレーズや身の回りの動作を英語で聞いてみよう。

●家庭編①

lock	「かぎをかける」
put the chain on	「チェーンをかける」
gargle	「うがいをする」
rinse your month	「口をゆすぐ」
towel-dry	「(顔を)タオルでふく」
style your hair	「髪をセットする」
look at yourself in a mirror	「鏡をのぞく」
stay in bed	「ベッドの中でぐずぐずする」
talk in your sleep	「寝言を言う」
snore	「いびきをかく」

学習のポイント

(1) 音声で聞いた感じと文字を見た目のGAPが大きいフレーズに慣れることが大切です。
　　特に，put on makeupやtake a showerといったフレーズは一気に読まれる傾向が強いので，気をつけましょう。
(2) **破裂音**をマスターしよう。
　　dayとdateはアメリカ英語ではどちらも[デイ]と聞こえてしまいますが，慣れてくるとdateは語尾に[t]の音があった形跡を感じることができるようになります。
　　このように，目で見ると文字としては存在するのに，音にすると聞こえなくなってしまいがちの音を**破裂音**といいます。一度口の中に呼気を入れて一気に口から出す音なので，破裂するイメージからそう呼ばれています。[t]（トゥッ）のほかに，[d]（ドゥッ），[g]（グッ），[p]（プッ），[k]（クッ），[b]（ブッ）といったものも破裂音といいます。ちょっと詰まる感じの音です。特にアメリカ英語では，破裂音で終わると，その破裂音は発音されません。

聞き取りのポイント

① get up → [ゲ**ラ**ップ]というように，tが次の母音のuと連結します。
② get dressed → [**ゲ**ッド**レ**スト]破裂音のtとdが続く場合，前の破裂音tは脱落します。最後のdは弱い音になります。
③ eat breakfast → [イーッ**ブ**レックファースト]eatのtは一呼吸間をおく感じで次のbreakfastが発音されます。「朝食をとる」は，have breakfastともいいます。
④ go to the bathroom → 前置詞のtoは弱化します。toの音はtaまたはdaに聞こえ，toの後ろに子音が続くときはtoがtaの音に聞こえます。
　　[ゴウトゥダ**バ**スルーム]でbathroomのbaの上にアクセントがつきます。
⑤ put on makeup → [**プ**ッロン**メ**イカップ] put onはtのあとに母音のoがつづくので連結します。聞き取りにくいので注意しよう。
⑦ brush my teeth → teethは長母音[ti:θ]
⑧ take a shower → [**テ**イ**カ**ッ**シャ**ワー]破裂音のkと次の母音のaが連結します。
　→ takeは語尾がeで終わっていても発音記号は[teik]なので語尾はkになります。よって破裂音のkと母音がつながるとみなすわけです。
⑨ brush my hair → brushのuは[ʌ]で強母音。
⑩ set the alarm → set theのところは，前の子音tが聞こえなくなります。alarm[əlá:rm]の前の定冠詞(the)は，[ði]。

Listening Drill ②

UNIT 家庭内での動作表現の聞き取り 【Level 1】

▼放送文 CD 2

① cook dinner
② water the flowers
③ make the bed
④ shave
⑤ sweep the floor
⑥ go to bed
⑦ take a bath
⑧ get undressed

▼訳

① 夕食をつくる
② 花に水をやる
③ ベッドを整える
④ ひげをそる
⑤ 床を掃く
⑥ 床につく
⑦ 風呂に入る
⑧ 服を脱ぐ

《解答》
①—(ア) ②—(キ) ③—(ウ) ④—(イ) ⑤—(ク) ⑥—(カ) ⑦—(オ) ⑧—(エ)

Listening Power Up!

《生活英語》に慣れよう。生活英語はリスニングにとってとても大切です。身近なフレーズや身の回りの動作を英語で聞いてみよう。

●家庭編②

家の掃除をする	clean the apartment / clean the house
ほこりをはらう	dust
掃除機をかける	vacuum
皿を洗う	wash the dishes
洗濯をする	do the laundry
アイロンをかける	iron
赤ん坊に授乳する	feed the baby
ネコにえさを与える	feed the cat
犬を散歩させる	walk the dog
テレビを見る	watch TV
ラジオを聞く	listen to the radio
音楽を聞く	listen to music
読書する	read
遊ぶ	play

バスケットボールをする	play basketball
ギターを弾く	play the guitar
ピアノの練習をする	practice the piano
勉強する	study
運動する	exercise

学習のポイント

　Drill①と同様に，破裂音の聞き取りほか，複数の語がひとつながりとなって発音されるときに生じる音の変化に慣れよう。

聞き取りのポイント

① cook dinner
　＊語尾のkはほとんど聞こえませんが，少し間をおく感じで[**クック**ディナー]。
② water the flowers
　＊water は「水をやる」の意の動詞。
⑥ go to bed
　＊to は弱形。
⑦ take a bath
　＊[bæːθ, bɑːθ]
⑧ get undressed
　＊否定の意味を表す un の音を聞きのがさないように。

Listening Drill ③

UNIT 1 セリフとイラストを結びつける問題　　【Level 1】

▼放送文 CD3
1. Wow! Flowers!
2. Oops! I spilled it.
3. Oh, no! It's raining.

▼訳
1. あらっ，花だ！
2. おおっと，こぼしちゃった。
3. ああ，やだ，雨だわ。

《解答》
1―(イ)　2―(ウ)　3―(ア)

UNIT 2 ふさわしい"Responses"を選ぶ問題　　【Level 2】

▼放送文 CD4
① Did you go with someone?
② Are you going hiking again sometime?
③ Where did you go hiking?
④ Was it nice there?
⑤ Did you get back on Monday?

▼訳
① 誰かと行ったのですか。
② またいつかハイキングに行きますか。
③ どこにハイキングに行ったのですか。
④ そこはいいところでしたか。
⑤ 月曜日に戻ったのですか。

《解答》
①―(b)　②―(a)　③―(b)　④―(a)　⑤―(a)

Listening Power Up!

　単語単位で聞くと，語尾は弱く，比較的聞きづらいのが一般的ですが，文単位になると，文尾の語句は比較的はっきり聞こえやすいものです。特に疑問文の場合，**出だしの語句**(What なのか When なのか How なのかといった区別)と**最後の語句**に注意を払って集中するとよい

でしょう。

学習のポイント

● 「弱強」のアクセント

get back のように「**動詞＋副詞**」のイディオムは後の**副詞**のほうを強く発音します。日本人は動詞のほうを強めてしまうので注意。

《参考例》

Hurry up!　「急いで」

Hey, listen up!　「ねえ，ちょっと聞いて」

Let's get out.　「さあ逃げよう」

Don't look back.　「うしろを振り返らないで」

聞き取りのポイント

① Did you go with someone(↗)?

→ with someone の部分が最も強勢(強いアクセント)がおかれる箇所。

→ イントネーションは上昇調。

② Are you going hiking again sometime?

　　＊ going も hiking も語尾の[ŋ]の音が[n]になってしまいます。

◇ [ŋ]→[n]に変化するケース

nothing	→	nothin'	「何もない」
making	→	makin'	「作る」
taking	→	takin'	「拾う」
graduating	→	graduatin'	「卒業する」
hoping	→	hopin'	「希望する」
looking	→	lookin'	「見る」
anything	→	anythin'	「なんでも」
morning	→	mornin'	「朝」

③ Where did you go hiking?

→ did you → diju　d で終わる単語と you がつながって，ju あるいは ja の音になるパターンです。さらにくだけた言い方だったり，早口だと did の音も消えて聞こえないこともあります。

Listening Drill ③

④ Was it nice there?
　＊［ワズイット］

⑤ Did you get back on Monday?
　　　＊［ゲッ**バ**ック］…get より back のほうに強勢がおかれます。

──《**Vocabulary & Idioms**》────────────
Wow!　「驚き」を表す間投詞。
Oops!　［wups］「うろたえた感じ」や「軽い謝罪」などを表す。
Oh　［ou］「ちょっとした驚き」を表す。

Listening Drill ④

UNIT Speaking form に慣れよう 【Level 1】

▼放送文 CD 5

1. <u>Are</u> you in this class?
2. <u>Is she</u> your friend?
3. <u>Are</u> they in your family?
4. <u>Does she</u> speak English?
5. <u>Did you</u> see Susan today?
6. <u>Do you</u> live in England?
7. <u>Is he</u> your uncle?
8. <u>Do you</u> know my father?
9. <u>Did she</u> go to China?
10. <u>Did he</u> talk to you?

▼採点のポイント

① [A]には部分点は与えられない。完答のみ各3点。
② [B]については，次の解答と文意が変わらない同意表現は可。

《解答》

[A] 1. Are 2. Is she 3. Are 4. Does she 5. Did you
6. Do you 7. Is he 8. Do you 9. Did she 10. Did he

[B] 1. あなたはこのクラスの生徒ですか。 2. 彼女はあなたの友人ですか。
3. 彼らはあなたの家族ですか。 4. 彼女は英語を話しますか。
5. (あなたは)今日スーザンに会いましたか。 6. あなたはイギリスに住んでいますか。
7. 彼はあなたのおじさんですか。 8. (あなたは)私の父を知っていますか。
9. 彼女は中国に行きましたか。 10. 彼はあなたに話しかけましたか。

Listening Power Up!

文字を目で見たときと実際リスニングしてみたときの印象には大きなズレがあります。writing form と speaking form が大きく異なるからです。聞いた英語を文字に直してみるトレーニングを積んで，見た目の印象と聞いたときの印象の GAP を埋めよう。

Listening Drill ④

学習のポイント

●**前置詞が弱くなるときの変化の仕方**

① 前置詞や不定詞の to の前に**無声音**(an unvoiced sound)があるとき，to が ta の音に聞こえます。**無声子音**(an unvoiced consonant)とは，"k"，"f"，"p"，"t"，"s"，"sh"，"ch"，"th" などの音をいいます。

  How much will it cos*t* *ta* ride the bu*s* *ta* work?
  「仕事場までバスでどのくらい料金がかかりますか」
  I'd li*ke* *ta* take a tri*p* *ta* Tokyo this summer.
  「今年の夏，東京まで旅行したいです」

② to が da の音に聞こえるのは，直前に有声音(a voiced sound)があるときです。

  I tr*y* *da* do best.
  「ベストを尽くします」
  Don't ask m*e* *da* do that again!
  「二度とそんなことをわたしに頼まないで」

③ 「~しようとするところ，~するつもりだ」の意の going to は原則として gonna[ガナ]と音が変化します。
  しかし，ある場所からある場所へ「行く」という意味のときには gonna とは変化しません。going to [ゴゥイントゥ]となります。

  Are you **going to** the meeting? 「会合に行きますか」
  ＝× Are you **gonna** the meeting?

④ want to は wanna に変化します。

  We **want to** go out. 「出かけたい」
  ＝○ We **wanna go** out.

Listening Drill ⑤

UNIT レストランでの会話　　　　　　　　　　　　【Level 1】

▼放送文

① A: How do you like the spaghetti?
　 B: Oh, the sauce is wonderful. It's very spicy.
② A: How's your sushi?
　 B: Oh, it's great. It's very fresh.
③ A: Do you like the *tiramisu*?
　 B: Oh, yes. I like it very much.
④ A: How's the ramen?
　 B: Oh, it's not bad, but it's too hot.
⑤ A: Are the French fries OK?
　 B: No, they're too greasy.
⑥ A: How's the hamburger?
　 B: Oh, it's terrible. It's too dry and it's cold!

▼訳

① A: スパゲッティはいかがですか。
　 B: ええ，ソースがすばらしいですわ。とってもスパイシーです。
② A: すしはどうですか。
　 B: ええ，とってもいいですわ。とても新鮮です。
③ A: ティラミスはお好きですか。
　 B: ええ，はい。とっても好きです。
④ A: ラーメンの味はどうですか。
　 B: ええ，悪くないけど，熱すぎるわ。
⑤ A: フレンチフライはいかがですか。
　 B: おいしくないわ。脂っこ過ぎます。
⑥ A: ハンバーガーはいかがですか。
　 B: ひどい味。パサパサしてるうえに冷めてるもの。

―《解答》――――――――――――――――――
①―〇　②―〇　③―〇　④―×　⑤―×　⑥―×

Listening Drill ⑤

Listening Power Up!

つづり字と発音との間にはいろいろなズレがあります。それらのズレは，発話のスピードが全体として速くなればなるほど大きなものになります。

例えば，How do you like の部分では，[ハウジュライク]というように調音(発音)に必要なエネルギーを少なくしようとする傾向があります。よほど丁寧にゆっくりと話す場合は別として，everyday conversation ではいろいろな"省エネ現象"が現れてきます。

『リスニング・ハンドブック』の「リスニングのルール」を参考にして問題文を聞いてみましょう。

学習のポイント

● 文末焦点の原則

英文の最後の語句は，強く長めに発音されます。その強勢のおかれた語句に相手が反応してそれについて述べるといった形で会話が進展してゆきます。このようにネイティヴが**文の最後の部分にスポットを当てて強勢をおくこと**を**文末焦点の原則**といいます。

聞き取りのポイント

強勢(強いアクセントの置かれる箇所)＝●に注意して聞き取ろう。

① A: How do you like the spaghetti?

　B: Oh, the sauce is wonderful. It's very spicy.

　　　　　　　　　　　　　　　＊[spáisi]

② A: How's your sushi?

　　＊[ハゥズ]

　B: Oh, it's great. It's very fresh.

③ A: Do you like the *tiramisu*?

　B: Oh, yes. I like it very much.

④ A: How's the ramen?

　　＊[ハゥズ]

　B: Oh, it's not bad, but it's too hot.

⑤ A: Are the French fries OK?

B： No, they're too greasy.
　　　　　　　　　＊[gríːsi]
➡否定的な意見を述べるときには too を強く長く発音します。
⑥ A： How's the hamburger?
　　B： Oh, it's terrible. It's too dry and it's cold!
　　　　　　　＊[térəbl]

《Vocabulary & Idioms》

How do you like 〜? 「〜はいかがですか」(「味」の感想などをたずねるとき)
spicy 「スパイシーな，風味のある」
greasy 「脂っこい」

Listening Drill ⑥

UNIT 1　英語の名前の聞き取り　　　【Level 1】

▼放送文 CD 7

1. My name is Dan.
2. Hi, I'm Judy.
3. My name is Richard.
4. That's Mrs. Ralph Smith.
5. This is Steve.
6. This is Mr. Eric.

▼訳

1. 私の名前はダンです。
2. こんにちは，私はジュディです。
3. 私の名前はリチャードです。
4. その方はラルフ・スミス夫人です。
5. この方はスティーヴさんです。
6. この方はエリックさんです。

《解答》
1.—○　2.—×　3.—○　4.—×　5.—○　6.—×

UNIT 2　交通機関に関する聞き取り　　　【Level 3】

▼放送文 CD 8

A: Can I go there by bus?
B: That's possible. But I suggest you take the subway or the streetcar.
A: Is the subway station near here?
B: Yes, go straight for just two blocks. You can't miss it.
A: Do you know how much the fare is?
B: One dollar and 25 cents. You can buy subway tokens at the station but they don't accept bills larger than a twenty.
A: All right, thanks a lot.

▼訳

A: そこへはバスで行けますか。

B： 行けますよ。でも，地下鉄か路面電車にお乗りになることをお勧めします。
A： 地下鉄の駅はこの近くですか。
B： ええ，まっすぐに，ほんの2ブロック行ってください。きっとわかりますよ。
A： 料金はいくらかご存じですか。
B： 1ドル25セントです。駅では地下鉄のトークンを買えますが，20ドル以上のお札は使えません。
A： わかりました。どうもありがとうございます。

《選択肢の訳》
1．2番目の話し手は1番目の話し手に何に乗るように勧めていますか。
(A) バスか車。
(B) 車か地下鉄。
(C) 地下鉄か路面電車。
(D) 路面電車かバス。

2．1番目の話し手は駅で何を購入しないといけないのでしょうか。
(A) 1枚の25セントの切符
(B) 1枚の20ドルの切符
(C) 1枚の1ドルのトークン
(D) 1枚の1ドル25セントのトークン

《解答》
1—(C)　2—(D)

Listening Power Up!

音としての English name（英語の名前）にはなじみがあっても，文字として正しいつづり字を身につけるのに時間がかかることがあります。瞬時の理解力と反応力をトレーニングしましょう。

学習のポイント

● can[kən]とcan't[kǽnt]の識別

動詞の前の can は弱く[kən]（クン）と発音します。文頭の can も弱く，文末にくるときだけ[kǽn]（ケアン）と強くなります。

一方，否定形の can't はいつも強く長めに[kǽnt][ケア〜ント]と発音されます。「〜できる」と言いたいときに can を強めて言ってしまうと can't「できない」の意味に誤解されてしまうので要注意です。

Listening Drill ⑥

I can't wait. 「とても楽しみ」
　＊[kǽnt]
I'll do the best I can do. 「ベストを尽くします」
　　　　　　　＊[kən]

● [t][d][g][p][k][b]を破裂音といいます。
　アメリカ英語ではこの破裂音で単語が終わるとき、その破裂音は発音されません（イギリス英語では破裂音で終わっていても発音します）。

　　put　　[プッ]　　「置く」
　　desk　 [デス]　　「机」
　　back　 [ベアッ]　 「うしろ」
　　trip　 [チュリッ]　「旅行」
　　take　 [テイッ]　 「取る，拾う」
　　pick　 [ピッ]　　「つまむ」

　日本人はスペリングに惑わされて語尾の破裂音まで発音する癖がついているのでこのような発音をされるとわからなくなるので、耳を慣らすこと。

聞き取りのポイント

A: Can I go there by bus(↗)?　（イントネーションは上昇調）
　　＊[ケナイ]
B: That's possible. But I suggest you take the subway or the streetcar.
　　＊短縮形＝That is　　＊破裂音のtは消えてしまいます。[サジェスチュ]
A: Is the subway station near here(↗)?
　➡ Is や Are で始まる疑問文は上昇調です。
B: Yes, go straight for just two blocks. You can't miss it.
　　　＊straight の t は破裂音なのでほとんど聞こえません。
　➡ can't[kǽnt]については「学習のポイント」を参照。
A: Do you know how much the fare is?
　　　　　　　　　　　＊[feər]
B: One dollar and 25 cents. You can buy subway tokens at the station but they don't accept bills larger than a twenty.
　➡ can[kən]については「学習のポイント」を参照。
　➡ accept の t と bills の b といった破裂音が2つ続くと、1つ目の破裂音が脱落して聞こえなくなります。
A: All right, thanks a lot.
　　　　　＊thanks の th は[サンクス]より[タンクス]のように聞こえます。

《Vocabulary & Idioms》

That's possible. 「それは可能だ」
take the subway 「地下鉄を利用する」
go straight for just two blocks 「ほんの2ブロックまっすぐ行く」
block 「1区画(約20〜30メートル四方の区画)」
You can't miss it. 「きっと見つかりますよ」
fare 「(乗り物の)運賃」
token 「トークン(地下鉄に乗るときのコイン)」
bill 「紙幣」
a twenty 「20ドル紙幣」
thanks a lot＝thanks very much

QUIZ ニューヨークの地下鉄の乗り方についての質問です。次の中で正しいものはどれ？

(ア) You need to buy tickets before you take the subway.
（地下鉄に乗る前に，チケットを買う必要があります）
(イ) The fare is different depending on where you go.
（運賃は行く場所に応じて異なります）
(ウ) A token is a coin that you use when you take the train.
（トークンは地下鉄に乗るときに使うコインのことです）

正解　(ウ)

　ニューヨークの地下鉄には切符というものがなく，代わりに使われるのがトークンです。トークンとは電車やバスに乗るときに使うコインのこと。どこまで行こうがそれさえあれば運賃は同じというように，とても便利なものです。

Listening Drill ⑦

UNIT 適切なイラストを選ぶ問題(1) 【Level 1】

▼放送文 CD9

【No. 1】

Two boys are swimming in the sea.　There are five birds in the sky.

【No. 2】

A girl read a book in the room.　After that she listened to music.

▼訳

【No. 1】

2人の少年が海で泳いでいます。空には5羽の鳥がいます。

【No. 2】

1人の少女が部屋で本を読みました。その後彼女は音楽を聞きました。

―《解答》―
No. 1―(イ)　　No. 2―(ウ)

Listening Power Up!

　発話の際に弱く発音される音は単に発声が弱まるというだけでなく，その語が単独で発音された場合とは異なった発音になります。例えば，

　　　to [tuː]　→　[tu]または[tə]

のように，to は「トゥー」ではなく「トゥ」とか「タ」といった音に変わり，

　　　him [him]　→　[im]

のように，him は「ヒム」ではなく「イム」に変わるといった具合です。

学習のポイント

●聞き取りの際は，日頃から次のようなポイントに注意しておきましょう。

(1) 文全体を聞き取るリズム感を養う。

(2) 疑問詞のつかない疑問文は，原則，イントネーションが上昇調(↗)となる。

(3) 疑問詞がつく疑問文は，原則，イントネーションが下降調(↘)となる。

(4) 前置詞は文中では弱く発音され，文末では強く発音される。――「文末焦点の原則」

聞き取りのポイント

No. 1

Two boys are swimming in the sea.　There are five birds in the sky.

→ are swimming は are は弱く，swimming は強くなります。

→ there are 構文の there は弱く聞こえます。

No. 2

A girl read a book in the room.　After that she listened to music.

→早口になると定冠詞の the は弱く発音され，[インナ**ルー**ム]となります。

Listening Drill ⑧

UNIT [1] 音と [r] 音の聞き分けトレーニング(1) 【Level 3】

▼放送文 CD⑩

① rake 「熊手」
② lead 「導く」
③ loyal 「忠義な」
④ pray 「祈る」
⑤ late 「遅い」
⑥ lake 「湖」
⑦ ramp 「傾斜路，ランプ(高さの異なる2つの道路・建物などを結ぶ)」
⑧ row 「列」
⑨ ride 「乗る」
⑩ liver 「肝臓」
⑪ red 「赤い」
⑫ rate 「割合」
⑬ light 「光」
⑭ river 「川」
⑮ load 「積荷」
⑯ present 「プレゼント」
⑰ play 「劇」
⑱ lock 「施錠する」
⑲ right 「正しい，右」
⑳ rock 「岩」

《解答》
①—r ②—l ③—l ④—r ⑤—l ⑥—l ⑦—r ⑧—r
⑨—r ⑩—l ⑪—r ⑫—r ⑬—l ⑭—r ⑮—l ⑯—r
⑰—l ⑱—l ⑲—r ⑳—r

聞き取りのポイント

● 日本語の「ラ」と [l]・[r] の違い

　英語の[r]と[l]は**日本語にない音**です。日本語の「ラ」を注意して発音すると，舌先が一度，歯茎より後方部に軽く触れることがわかります。一方，英語の[r]は舌先が歯茎にも口の天井にもまったく触れず，後方に反り気味になり，[l]は舌先を歯茎に接触させて発音されます。すなわち，**どちらも日本語の「ラ」とは舌先の位置が違う**のです。音の作り方が異なるにもかかわらず，日本人は英語の[r]と[l]を「ラ」で置き換えがちなので，注意しましょう。

● [l] が [u] のように聞こえるとき

　なお，英語の[l]は，例えば，milk のように，その後に子音があると，舌先が歯茎に接触せず，舌の後方部が高くなるため，**[u]に似た響きの音になる**ことがあります。

Listening Drill ⑨

UNIT [1] [l]音と[r]音の聞き分けトレーニング⑵　　【Level 3】

▼放送文

CD 11
① (a) **red** ink 「赤色のインク」
　　(b) a **lead** pipe 「鉛のパイプ」

② (a) a **lack** of energy 「エネルギーの不足」
　　(b) a wooden **rack** 「木製の棚」

③ (a) switch the **light** on 「照明を点ける」
　　(b) **right** after the concert 「コンサートの直後」

④ (a) **rake** over the ground 「地面をならす」
　　(b) a dam at a **lake** 「湖のダム」

⑤ (a) **pray** for good weather 「好天を祈る」
　　(b) **play** tennis 「テニスをする」

CD 12
⑥ (a) **lock** the window 「窓の鍵を閉める」
　　(b) a **rock** band 「ロックバンド」

⑦ (a) onions and **liver** 「タマネギとレバー」
　　(b) fish in the **river** 「川で釣りをする」

⑧ (a) the **wrong** exit 「間違った出口」
　　(b) a **long** vacation 「長期休暇」

⑨ (a) the money I **lent** 「私が貸した金」
　　(b) pay the **rent** 「家賃を払う」

⑩ (a) a **load** of boxes 「大量の箱」
　　(b) a wide **road** 「広い道」

CD 13
⑪ (a) exchange **rate** 「為替相場」
　　(b) **late** night 「深夜」

⑫ (a) one **row** of seats 「横1列の座席」
　　(b) a **low** percentage 「低いパーセント」

⑬ (a) **fly** away 「飛び去る」
　　(b) **fry** in a pan 「フライパンで焼く」

⑭ (a) succeed to the **crown** 「王位を継承する」
　　(b) a **clown** in the town 「街の道化師」

⑮ (a) drive up the **ramp** 「ランプ(立体交差路の傾斜路)を車で上がる」
　　(b) a bedside **lamp** 「ベッドサイドランプ」

Listening Drill ⑨

《解答》

① {(a) r / (b) l} ② {(a) l / (b) r} ③ {(a) l / (b) r} ④ {(a) r / (b) l} ⑤ {(a) r / (b) l} ⑥ {(a) l / (b) r} ⑦ {(a) l / (b) r} ⑧ {(a) r / (b) l}
⑨ {(a) l / (b) r} ⑩ {(a) l / (b) r} ⑪ {(a) r / (b) l} ⑫ {(a) r / (b) l} ⑬ {(a) l / (b) r} ⑭ {(a) r / (b) l} ⑮ {(a) r / (b) l}

Listening Power Up!

- ふつう，単語だけを聞くのと比べて語句やフレーズとなった形で聞いたほうが，[r]音や[l]音の判別がしやすいものです。

  「英語の発音と日本語の発音は違う」という意識を強く持ってしまうと，私たちは，どうしても**細かい部分の発音に注意が行き過ぎてしまいます。**

- 単語レベルで容易に判別できれば問題ないのですが，[l]と[r]はもともと紛らわしい発音ですから，「どっちだろう？」と考えてしまうことも多いでしょう。こういう場合に，**前後の意味から単語を判別する**習慣をつけておけば，似た発音の単語，紛らわしい発音の単語に出くわしても，戸惑ったり混乱したりということが少なくなります。

- **語頭にくる [r] 音と [l] 音の識別**はけっこう大変です。CDからどちらかの音が流れてくるとあらかじめわかっていればまだ聞き取りやすいのですが，いきなり１つの単語だけ発せられると面食らってしまうことはあります。

  Drill⑧とDrill⑨で，単語だけの場合と，語句の中で使われた場合とで，判断がどのように違ってくるか，試してください。

Listening Drill ⑩

UNIT 適切なイラストを選ぶ問題(2)　　【Level 2】

▼放送文 🎵14

1. A: I'm going to the market. Do you need anything?
   B: Yes, could you get some chicken and some fish?
2. A: Are you going to the store?
   B: Yes.
   A: Could you buy some bread and some potato chips?
3. A: Are you going to the supermarket?
   B: Yeah, uh-huh.
   A: Could you buy me some soft drinks?
   B: Sure. Anything else?
   A: Yeah, yeah, and some cheese.
   B: OK.
4. A: I'm going to the supermarket.
   B: Oh, please buy some bananas and some milk.
5. A: Where are you going?
   B: To the market.
   A: Oh, we need some carrots and some tomatoes.

▼訳

1. A: スーパーに行くんだけれど，なにか欲しいものある？
   B: ええ，チキンと魚を買ってきてくださる？
2. A: お店に行くところ？
   B: うん。
   A: パンとポテトチップスを買ってきてもらえる？
3. A: スーパーまで行く？
   B: うん，行くよ。
   A: ソフトドリンクを買ってきてくれない？
   B: いいよ。他には？
   A: そうね，それにチーズも。
   B: わかった。
4. A: スーパーに行くところだよ。
   B: じゃあ，バナナとミルクを買ってきてよ。
5. A: どこへ行くの？
   B: スーパーだよ。

Listening Drill ⑩

　　　A： それじゃあ，にんじんとトマトがほしいんだけど。

▼採点のポイント

買物の品目は，それぞれ2つとも正しいことが必要。部分点は与えられない。

```
──《解答》──
1─⑤, ⑦　　2─②, ⑧　　3─①, ③　　4─④, ⑨　　5─⑥, ⑩
```

Listening Power Up!

　日本語は50音図が示すように，子音のうしろに必ず母音があります。母音だけという音はありますが，子音だけでできている音というのは基本的にはありません。一方，**英語には母音を伴わない子音だけの音がたくさんあります。**

　例えば，drinks は発音記号で見てみると[driŋks]（**ヂュ**リンクス）であって[d]の直後には母音を伴っていません。dのあとは子音のrです。ですから，日本語のカタカナの「ドリンク」とはけっして発音できないのです。「ド」と書いてしまえばそれはもう [d]＋[o] を表し，**母音を含んだ発音になってしまう**からです。英語では子音が2個以上続くことがあるので，CDを繰り返し聞いて慣れることが必要です。

学習のポイント

　強弱が英語の**リズム**を作り出します。しかし，強弱だけではラップのようになってしまうだけなので，さらに**イントネーション**が必要となります。イントネーションとは《**声の高低**》つまり，**音程**をつけることです。英語は大きく4つの音程に分けることができます。

```
4　● very high　（とても高い）
3　● high　　　　（高い）
2　● normal　　　（ふつう）
1　• low　　　　　（低い）
```

　英語ではこの4つの音程をフルに使います。ネイティヴの英語が大げさに思えるほど表現豊かに聞こえるのは，1〜4の音程を全部使うからなのです。

　それに比べて日本語の場合，音程幅が小さいので，ずいぶん違った印象で聞こえます。ちなみに日本語はほとんど2の音程で会話していると言われています。

　では，問題文に出てくる Uh-huh などの音程をチェックしてみましょう。

Uh- huh
● ●
2　3

　→ Yes の意味や，満足の意味を表すときの感嘆詞。

Uh-uh
●●
2 2
→ No の意味や，不平・不満・不同意を表すときの感嘆詞。

Uh-oh
● ・
3 2
→ なにかまずいことが起きたことを意味するときに使う感嘆詞。

このように，同じ言葉でもイントネーションの違いだけで意味が異なってくることがあるので，注意しましょう。

―《Vocabulary & Idioms》――――――――――――――
Could you get ～? / Could you buy ～?「～を買ってきてもらえますか？」
yes → yeah
　　yeah は yes の音が変化したというよりも，よりくだけた会話で yes の代わりにとてもよく使う表現です。yes は言い方により，かしこまった場では「はい」，気軽な会話では返事や相づちの「うん」という両方のニュアンスで使えますが，yeah は気軽な場でしか使われません。
uh-huh　yes の意味や満足の意味を表すときのフレーズ。
sure＝yes

Listening Drill ⑪

UNIT 正しい"Responses"を選ぶ問題　　　　　【Level 2】

▼放送文 CD15

1. Is it OK if I borrow your car?
2. Is this your home?
3. That's a beautiful sweater, isn't it?
4. Did you come to class yesterday?
5. Who is your teacher?
6. When is our next class?
7. Why are you studying English?
8. How are you doing today?

▼訳

1. あなたの車を借りてもいいですか。
2. これはあなたの家ですか。
3. それはきれいなセーターですね。
4. 昨日授業に来ましたか。
5. あなたの先生は誰ですか。
6. 私達の次の授業はいつですか。
7. あなたはなぜ英語を勉強しているのですか。
8. 今日の調子はいかがですか。

《解答》
1—(a)　2—(a)　3—(a)　4—(a)　5—(b)　6—(a)　7—(a)　8—(a)

学習のポイント

●各選択肢の英文のポイント

1. (a) Sure, go ahead.「はい，どうぞ」
   (b) Don't worry about it.「心配しないでいいよ」
2. (a) Yes, it is.「はい，そうです」Is でたずねられたら is で受け答えします。
3. ほめられて，感謝の意を表す (a) Thanks. が正解。(b) No, thanks.「いや，けっこうです」
4. (a) Yes, I did.「はい，来ました」
   (b) I didn't know.「知りませんでした」
   Did you〜? でたずねられたら Yes, I did. または No, I didn't. で受け答えします。

25

5. (a) He is my friend.「彼は私の友人です」
   (b) Mr. Okada is.「岡田先生です」
6. (a) At 9 o'clock.「9時です」
   (b) Yes, it is.「はい，そうです」
   When でたずねられたら At 〜で受け答えします。
7. (a) Because it's fun.「なぜなら楽しいからです」
   (b) Yes, it is.「はい，そうです」
   Why でたずねられたら，Because で受け答えします。
8. (a) I'm fine.「元気です」
   (b) No, thank you.「いいえ，結構です」

聞き取りのポイント

1. Is it OK if I borrow your car (↗)?

   ➡ Yes/No で答える疑問文なので，イントネーションは上昇調です。

2. Is this your home(↗)?

   ➡ your が最も大きく聞こえます。

3. That's a beautiful sweater, isn't it (↘)?

   ➡ 相手に同意のあいづちを求めるので，文尾は下降調のイントネーションになります。sweater [swétər]の発音に注意。

4. Did you come to class yesterday(↗)?

   ➡ Did you [ディヂュ]と音が同化して聞こえます。come to の to は ta のように弱くなります。

5. Who is your teacher?

   ➡ 最初と最後の語句に注意して聞こう。

6. When is our next class?

   ➡ next を「ネクスト」のように，日本語のカタカナそのままに母音を入れて発音しないように。next の[t]のあとに class の[k]と破裂音が2個続きますが，[t]は破裂せず消えてしまいます。

7. Why are you studying English?

8. How are you doing today?

   ➡ How are you の箇所は一気に読み上げられると，[ハユドーインタデイ]のように聞こえ

ます。
→ doing の語尾の[ŋ]は[n]に変わりがちです。

> # QUIZ アメリカでの学校生活において。
> 廊下で先生と生徒がすれ違い，先生が生徒に軽く会釈をしてくれました。
> そのときの生徒の反応として適当なものは次のどれでしょうか?

(ア) Wave your hand to your teacher.
　　（先生に手を振る）
(イ) Say, "Hello, Teacher."
　　（「こんにちは，先生」と言う）
(ウ) Say, "How are you doing?"
　　（「お元気ですか」と言う）
(エ) Say, "What's up, Teacher?"
　　（「先生，どうかされましたか」と言う）
(オ) Smile and say, "Hello, Mr. Patterson."
　　（笑顔で「こんにちは，パターソン先生」と言う）

正解　　(オ)

　日本語モードでは(イ)を選びそうですが，不正解です。
　高校・中学の先生に対する呼び方は，Mr. ～（男性の先生），Ms./Mrs. ～（女性の先生）をそれぞれ苗字（姓）の前につけます。
　大学の教授の場合は，Professor Patterson「パターソン教授」というように肩書きをつけることになります。

Listening Drill ⑫

UNIT 1 疑問詞の聞き取り　　【Level 1】

▼放送文 CD16

1. A： <u>How long</u> are they playing tonight?
   B： For about three hours.
2. A： <u>How often</u> does Lynn play tennis?
   B： Maybe three times a month.
3. A： <u>How many</u> books did you read last summer?
   B： I read about nine books.
4. A： <u>How much</u> do the tickets cost?
   B： I think they're $15.00 each.
5. A： <u>How often</u> can we meet?
   B： How about twice a week?
6. A： <u>How long</u> does it take to fly to London?
   B： It takes about six hours from here.

▼訳

1. A： 今夜彼らはどのくらいプレーするの？
   B： 3時間くらいです。
2. A： リンはどのくらいの頻度でテニスをしますか。
   B： たぶん1カ月に3回くらいです。
3. A： 去年の夏，何冊本を読みましたか。
   B： だいたい9冊です。
4. A： そのチケットはどのくらいの値段ですか。
   B： 1枚15ドルだと思います。
5. A： 私たちは何回くらい会えるでしょうか。
   B： 1週間に2回というのはどうでしょう？
6. A： ロンドンまで飛行機でどのくらいかかりますか。
   B： ここから約6時間かかります。

《解答》
1. How long　2. How often　3. How many　4. How much
5. How often　6. How long

Listening Drill ⑫

聞き取りのポイント

● How long...? / How often...? など,「期間」・「頻度」・「量」などを表す疑問文が並んでいます。それぞれ大きい●のほうにストレス(強勢)がおかれ, 強く聞こえます。

1. How long are they playing tonight?
       ・　●
2. How often does Lynn play tennis?
       ・　●
3. How many books did you read last summer?
       ・　●
4. How much do the tickets cost?
       ・　●
5. How often can we meet?
       ・　●
6. How long does it take to fly to London?
       ・　●

UNIT 2 「数字」の聞き取りトレーニング(1)   【Level 1】

▼放送文 🎧17

1. You blink your eyes about 20,000 times a day.
2. Your heart beats about 100,000 times a day.
3. Your body is 70% water.
4. Your brain sends messages at 360 kilometers per hour.
5. About 1,600 liters of blood go through your kidneys each day.
6. You have about 120,000 hairs on your head.
7. There are 10,000,000 nerve cells in your brain.

―― 《解答》 ――
1 — 20,000   2 — 100,000   3 — 70   4 — 360   5 — 1,600
6 — 120,000   7 — 10,000,000

学習のポイント

● 数字の聞き取りに関連して, **分数・小数・パーセンテージの言い方**については『リスニング・ハンドブック』, p.66を参照。
● **算数 (Arithmetic) の聞き取り**については, 『リスニング・ハンドブック』, p.65を参照。

聞き取りのポイント

1. You blink your eyes about 20,000 times a day.
   * ＊［トゥエニタゥザンド］
       twenty thousand　→ t は脱落します。

2. Your heart beats about 100,000 times a day.
   * ＊［ワンハンドレッタゥザンド］　→「千」の位の前で多少のポーズがあります。
       one hundred thousand　→破裂音のdの音は消失します。

3. Your body is 70% water.
   * ＊［セヴンティ］…アクセントは前。

4. Your brain sends messages at 360 kilometers per hour.
   * ＊［スリーハンドレッスィックスティ］
       three hundred sixty…sixty は前にアクセント。sixteen (16) は、アクセントはうしろなので注意。

5. About 1,600 liters of blood go through your kidneys each day.
   * ＊［ワンタゥザンドスィックスハンドレッ］…one thousand six hundred

6. You have about 120,000 hairs on your head.
   * ＊［ワンハンドレットゥエニタゥザンド］…one hundred twenty thousand

7. There are 10,000,000 nerve cells in your brain.
   * ＊［テンミリオン］…ten million

《Vocabulary & Idioms》

blink your eyes 「まばたきする」
〜 times a day 「1日につき〜回」
beat 「鼓動する」
at 〜 kilometers per hour 「時速〜キロメートルで」
go through 〜 「〜を通過する」
kidney 「腎臓」
nerve cells 「神経細胞」

Listening Drill ⑬

UNIT 同音異義語の聞き取り　　　　　　　　　　　　【Level 1】

▼放送文

1. I feel hungry and I'm thirsty, **too**.
2. I **read** the novel this summer.
3. The wind **blew** the fallen leaves away.
4. My **aunt** sent me a present.
5. I **would** like to invite her to our party.
6. We **ate** our dinner together.
7. Let's take the **stairs** this time.
8. Our guests will be **here** in ten minutes.
9. The **sun** felt hot.
10. Can I book **four** rooms?
11. I could **meet** you at the airport.
12. **Write** your name and phone number on the list.
13. Is **there** any more bread?
14. She bought a new machine to **sew** her clothes.
15. The story had an ugly **witch** and a beautiful princess.
16. What time are we **due** to land in New York?
17. I enjoyed driving **through** the mountains.
18. The hotel **maid** makes our bed.
19. Our team **won** the first game.
20. We bought **our** house five years ago.

▼訳

1. お腹も空いてのども渇いています。
2. 今年の夏，その小説を読みました。
3. 風が落ち葉を吹き飛ばしていきました。
4. 叔母は私にプレゼントを送ってくれました。
5. 彼女をパーティー招待したい。
6. 私達は一緒にディナーを食べました。
7. 今回は階段を使いましょう。
8. お客様は皆様，あと10分でいらっしゃいます。
9. 日差しが暑く感じられました。
10. 部屋を４つ予約できますか。
11. 空港にお迎えに行ってもいいですよ。

31

12. リストにお名前とお電話番号を書いてください。
13. パンはもう残っていませんか。
14. 彼女は服を縫うために新しいミシンを買いました。
15. その物語には，みにくい魔女と美しい王女様が出てきました。
16. ニューヨーク着陸は何時の予定でしょうか。
17. その山あいをドライブするのは楽しかった。
18. ホテルのメイドがベッドを整えてくれます。
19. わがチームは初戦を勝利で飾りました。
20. わが家を5年前に買いました。

```
──《解答》──
1 ―(ア)   2 ―(イ)   3 ―(ア)   4 ―(イ)   5 ―(ア)   6 ―(イ)   7 ―(イ)   8 ―(イ)
9 ―(イ)   10―(イ)   11―(イ)   12―(ア)   13―(ア)   14―(イ)   15―(ア)   16―(イ)
17―(イ)   18―(ア)   19―(イ)   20―(ア)
```

Listening Power Up!

　同音異義語はまったく同じ発音ですから，単語だけを聞いて判別することはできません。前後の意味合いからどの意味になるのかを判断するしかないのです。
　その単語だけを聞くのでなく，使われている個々の単語の意味を文全体から推測する習慣を身につけましょう。

```
──《Vocabulary & Idioms》──
take the stairs 「階段を使う」
in ten minutes 「10分たてば」
book 「～を予約する」
are due to～ 「～する予定だ」
make one's bed 「ベッドを整える」
```

Listening Drill ⑭

UNIT 音のつながりの聞き取り　　　　　　　　　　　【Level 2】

▼放送文 CD⑳

A: Oh, no. Did I **put too** much salt in?
B: I'm afraid so. Add a **little water**.
A: Is this O.K.?
B: Let me **taste it**. Hmm... not bad. Maybe a **little more water**.
A: All right... **How's it** now?
B: Hmm, much **better**. Now, Kate, we'll make the **fried chicken**.

▼訳

A: あら，いやだわ。塩を入れすぎたかしら。
B: そうみたいだな。水を少し加えるといいよ。
A: これでいいかしら。
B: 味見をさせて。うん……悪くない。もう少し水を入れてもいいかもしれない。
A: そうね……今度はどう？
B: うん，ずっといいよ。さてと，ケイト，今度はフライドチキンを作ろう。

《解答》
① put too　② little water　③ taste it　④ little more water
⑤ How's it　⑥ better　⑦ fried chicken

学習のポイント

① DELETION（脱落）

①の put too や⑦の fried chicken で，前の語の最後の音(t, d)が脱落するように，一方が他方の音を吸収してしまい，多くの場合，前の音がほとんど聞こえなくなることがあります。この現象を deletion（脱落）といいます。

② FLAP（弾音）＝フラップ

ふつう t の音といえば，舌先を上の前歯の裏側につけてから「トゥッ」と勢いよく発声する音です。しかし，この[t]という音はまわりに来る音によって自分の音を変えてしまう"変わり者"なのです。
letter は[レラー]，bottle は[バロウ]というように，[タ]というより[ラ]に近い音になりがちです。巻き舌をするような音で，舌をはためかせるということから，この現象は **flap**

(フラップ：バタバタする)と呼ばれています。
　②，④，⑥の little, water や better もこのフラップ(弾音)となり，アメリカ英語の発音では[**リ**ロー][**ワ**ラー][**ベ**ラー]のようになりがちです。[**強勢のある母音**]＋[**t**]＋[**強勢のない母音**]の語順で挟まれた[t]が[l]のように発音される傾向があるわけです。

- **その他のポイント**
  ① put too は，[**プ**ットゥー]のように[t]が1つしか聞こえません。同じ音(put の t と too の t)が2回続くと最初の音が消えます。
  ② 空所のすぐ前の I'm afraid so. には「どうもそのようだ」と懸念・心配・不安のニュアンスが含まれます。普通に感情を込めないで「そう思う」なら I think so. です。逆に「希望的観測」を含めて「そうならいいなあ」であれば I hope so. を使います。
  ③ taste it では，**linking (連結)**が起こっていて，taste it が "tas teit" のように聞こえます。taste (〜を味わう)の語尾は破裂音の t で終わっているので，次の母音と連結してしまいます。Let me taste it. は「私に味見させてください」です。
  ⑤ How's it では，**contraction (短縮)** と linking (連結)の両方が起こるため，結果として[**ハ**ゥズィット]のように聞こえます。
  ⑦ fried chicken では，[フライ**チ**クン]のように[d]がほとんど聞こえません。

聞き取りのポイント

A： Oh, no. Did I put too much salt in?
　　　　　　　＊[**プ**ットゥー]
B： I'm afraid so. Add a little water.
　　　　　　　　　　　　＊[**リ**ロ**ワ**ラ]
A： Is this O.K.(↗)?
B： Let me taste it. Hmm ... not bad. Maybe a little more water.
　　　　　＊[**テ**ェィスティット]　　　　　　＊[**リ**ロ**モ**アワラ]
A： All right... How's it now?
　　　　　　　＊[**ハ**ゥズィッ]
B： Hmm, much better. Now, Kate, we'll make the fried chicken.
　　　　　　＊[**ベ**ラー]　　　　　　　　　　＊[フライ**チ**クン]
　　　　　　　　　　　　　　　　　　　　fried の[d]がほとんど聞こえない。

Listening Drill ⑮

UNIT 紛らわしい音の聞き取り　　　　　　　　　　【Level 2】

▼放送文　CD㉑

(1) Would you like to **leave** here?
(2) Look at that **ship**!
(3) Did you enjoy the **ball** game?
(4) There's a **hall** in the building.
(5) I **won't** ask you.
(6) How many **desks** are there?
(7) Can I borrow your **pins**?
(8) Did you see this **litter**?
(9) My dad really loved this **hut**.
(10) Will you pass me the **cap** there?
(11) I didn't **shut** the window.
(12) Can I see the **cop**?
(13) This is **not** cake.
(14) Have you seen my **pan**?
(15) Do you **hear** that?

▼訳

(1) ここを出たいですか。
(2) あの船を見て！
(3) 野球の試合は楽しかった？
(4) その建物には広間がある。
(5) 君には頼まないよ。
(6) 机はいくつある？
(7) ピンを貸してもらえる？
(8) このごみを見た？
(9) 父はこの山小屋がとても好きでした。
(10) そこの帽子をとってくれる？
(11) 僕は窓を閉めませんでした。
(12) その警官に会えますか。
(13) これはケーキではありません。
(14) 僕のなべを見なかった？
(15) あれが聞こえる？

《解答》
(1)—ア　(2)—イ　(3)—ア　(4)—ア　(5)—イ　(6)—ア　(7)—イ　(8)—イ
(9)—ア　(10)—イ　(11)—ア　(12)—イ　(13)—イ　(14)—ア　(15)—ア

聞き取りのポイント

● **won't は2重母音，want は短母音**

　　will notが強く発音されると[wil nɑt]となりますが，短縮形のwon'tは，[ウオウント][wount]と2重母音になります。

　　I won't go there.「私はそこに行くつもりはない」

　一方，wantは単母音で[ゥワント][wɑnt]となり，want to goのような場合は次の前置詞のtoと重なり合ってwantの語尾のtの音がとれ，[ゥワントゥゴウ]あるいは[ゥワナゴウ]と聞こえるのです。

　　I want to go there.「私はそこに行きたい」

Listening Drill ⑯

UNIT [b] 音と [v] 音の聞き分けトレーニング(1)　　　【Level 3】

▼放送文 CD㉒

① vote	「投票」	② veer	「向きが変わる」
③ ban	「禁止する」	④ rub	「こする」
⑤ rib	「肋骨」	⑥ vow	「誓い」
⑦ vest	「ベスト」	⑧ boat	「ボート」
⑨ beer	「ビール」	⑩ vend	「販売する」
⑪ vase	「花瓶」	⑫ bend	「曲げる」
⑬ live	「住む」	⑭ rebel	「反逆者」
⑮ base	「基地」	⑯ level	「平らな」
⑰ berry	「いちご」	⑱ van	「バン(車)」
⑲ vowel	「母音」	⑳ vanish	「消える」

《解答》
①—v　②—v　③—b　④—b　⑤—b　⑥—v　⑦—v　⑧—b
⑨—b　⑩—v　⑪—v　⑫—b　⑬—v　⑭—b　⑮—b　⑯—v
⑰—b　⑱—v　⑲—v　⑳—v

聞き取りのポイント

● [b] と [v] の違いについては，『リスニング・ハンドブック』，p. 57を参照。

Listening Drill ⑰

UNIT [b]音と[v]音の聞き分けトレーニング⑵　　【Level 3】

▼放送文

① (a) an eight-passenger **van** 「8人乗りのワゴン車」
　 (b) a **ban** against parking 「駐車禁止」

② (a) **vote** for a candidate 「候補者に投票する」
　 (b) a **boat** in the lake 「湖のボート」

③ (a) a **vat** for whiskey 「ウイスキー用の樽」
　 (b) a **bat** flying in the air 「空を飛ぶコウモリ」

④ (a) do one's **best** 「全力を尽くす」
　 (b) wear a red **vest** 「赤いベストを着る」

⑤ (a) **bend** one leg 「片足を曲げる」
　 (b) **vend** drinks 「飲み物を売る」

⑥ (a) **rebel** without a cause 「理由なき反抗」
　 (b) an introductory **level** 「入門レベル」

⑦ (a) a **very** hot day 「とても暑い日」
　 (b) a ripe **berry** 「熟したいちご」

⑧ (a) **bow** one's head 「頭を垂れる」
　 (b) **vow** to do well for myself 「独力での成功を誓う」

⑨ (a) **love** one's country 「自国を愛する」
　 (b) **rub** the sink clean 「流しをきれいに磨く」

⑩ (a) the **rib** steak 「リブステーキ」
　 (b) **live** in the city 「都市に住む」

⑪ (a) spin the **globe** 「地球儀を回す」
　 (b) take off the **glove** 「グローブ(手袋)を外す」

⑫ (a) a flower **vase** 「花瓶」
　 (b) a military **base** 「軍用基地」

⑬ (a) **banish** a player 「選手を追放する」
　 (b) **vanish** suddenly 「突然消える」

⑭ (a) **veer** to the right 「右に方向を変える」
　 (b) a glass of **beer** 「ビール1杯」

⑮ (a) a **curve** in the road 「道路のカーブ」
　 (b) hit the **curb** 「縁石にぶつかる」

Listening Drill ⑰

```
──《解答》──
① { (a) v      ② { (a) v      ③ { (a) v      ④ { (a) b      ⑤ { (a) b      ⑥ { (a) b
    (b) b           (b) b           (b) b           (b) v           (b) v           (b) v
⑦ { (a) v      ⑧ { (a) b      ⑨ { (a) v      ⑩ { (a) b      ⑪ { (a) b      ⑫ { (a) v
    (b) b           (b) v           (b) b           (b) v           (b) v           (b) b
⑬ { (a) b      ⑭ { (a) v      ⑮ { (a) v
    (b) v           (b) b           (b) b
```

Listening Power Up!

　rとl, bとvといった日本人が聞き取りにくい音の識別の練習は, 1個の単語だけでするより, フレーズや文の中で行うほうが聞き取りがいっそう簡単なはずです。**1語1語の物理音を聞き取ろうとするより前後の意味関係から聞き取りにくい音を復元しやすいからです。**

●紛らわしい音の区別

(1) [v]と[f]

　[v]の音は, 下唇を上の歯に軽くあててそのすきまから息を出しながら「ヴァ・ヴィ・ヴ・ヴェ・ヴォ」と, [f]は同様にして「ファ・フィ・フ・フェ・フォ」と発声します。実際の発話では, 息しか聞こえなかったり, ときには息も聞こえないこともあります。

(2) [b]と[p]

　[b], [p]は[v]や[f]の音と比べて, 唇を閉じないと出せない音です。軽く閉じた唇から[p]「パッ」, [b]「バッ」と息を吐き出します。日本語のパ行やバ行より強い音ですが, [p]や[b]は破裂音なので語尾ではほとんど聞こえません。

(3) [b]と[v]

　日本語には[b]の音はあるが, [v]の音はありません。[b]は両唇を閉じてからそれを急に離して作る音, [v]は下唇を上歯に軽く触れながら息を出して作る音です。

　[b]と[v]は発音の仕方は異なりはしますが, 結果として聞こえる音が似ているため, 聞き取りは容易ではありません。瞬間的には[b]が[v]より響きが少しだけ強くなります。[b]は閉じていた両唇を瞬間的に離す音であるのに対して, [v]は息が出つづける音だからです。

Listening Drill ⑱

UNIT 1 「数字」の聞き取りトレーニング⑵ 【Level 1】

▼放送文 CD26

1. Mt. Kilimanjaro is **5,895** meters high.
2. The Arabian Desert is **222,740** square km.
3. The Amazon River is **6,280** km long.
4. The Atlantic Ocean is **82,362,000** square km.
5. The coffee shop opens at **6:45 a.m.** It closes at **9:30 p.m.**
6. There was a big earthquake in Turkey on **November 19, 1987**.

▼訳

1. キリマンジャロ山は標高5,895メートルです。
2. アラビア砂漠の面積は222,740平方キロメートルです。
3. アマゾン川の長さは6,280キロメートルです。
4. 大西洋の面積は82,362,000平方キロメートルです。
5. そのコーヒーショップは午前6時45分に開店し，午後9時半に閉店します。
6. 1987年11月19日に，トルコで大きな地震がありました。

```
《解答》
① 5,895    ② 222,740    ③ 6,280    ④ 82,362,000
⑤ 6:45 a.m.  ⑥ 9:30 p.m.  ⑦ November 19,1987
```

UNIT 2 商品の「値段」の聞き取り 【Level 1】

▼放送文 CD27

1. A: How much does this chair cost?
   B: It's $150.
2. A: How much is this television?
   B: It's $500.
3. A: How much are these shoes?
   B: They're $99.

▼訳

1. A: このいすはいくらですか。
   B: 150ドルです。

Listening Drill ⑱

2. A： このテレビはいくらですか。
   B： 500ドルです。
3. A： この靴はいくらですか。
   B： 99ドルです。

《解答》
1. 150   2. 500   3. 99

Listening Power Up!

(1) 数字の聞き取りは日本語でないと実感がわかないため，慣れないと日本人には難しく感じられるものです。
(2) 単位の区切りが日本語と英語では異なるので，hundred, thousand, million という区切りの単位に注意を集中すると，しだいに聞き取りやすくなります。
　英語ではアラビア数字とともに使われるコンマ(,)ごとに単位が変わるので，日本語の「十，百，千，万，…」という単位に換算するのが結構厄介です。数字を聞き取る上で押さえておきたい単位を次の学習ポイントでまとめておきます。

学習のポイント

●数字の聞き取り

1万	→	ten thousand
10万	→	a hundred thousand
100万	→	a million
1億	→	a hundred million
10億	→	a billion

① 3桁の数字の聞き取り
　147　→　one hundred and forty-seven もしくは one hundred forty-seven というように，and を使わないときもあります。

② 4桁の数字の聞き取り
　3,576　→　three thousand five hundred seventy-six

③ 年号の聞き取り
　2桁ごとに発音されます。
　1987　→　nineteen eighty seven

④ 電話番号の聞き取り
　818-3974-8031
　　→　eight, one, eight, three, nine, seven, four, eight, o (zero), three, one

●**電話番号を聞き取るコツ**

　４つ以上の数字が連続する番号は，２組に分けて読まれます。

　例えば，123-4567 は"one-two-three（間）four five（間）six-seven"と読みます。電話番号の読み方にはほかにも慣用的な決まりがあるので，ここで整理してみましょう。

➔ 0（ゼロ）："oh"
　［例］305　　➡　"three-oh-five"
　　　　　　（"zero"と読んでもかまいません）

➔ 00："〜hundred"
　［例］4300　➡　"four-three hundred"
　　　　　　　　　"forty-three hundred"

➔ 000："thousand"
　［例］6000　➡　six thousand

➔ 同じ組に同じ数が２つ続く場合："double〜"ということがあります。
　［例］3466　➡　"three-four（間）double six"

Listening Drill ⑲

UNIT 物理音より「意味音」を聞き取るトレーニング　　【Level 2】

▼放送文

1. Um ... you use this to take pictures. You just look in the viewer and press this little button.
2. Oh, this is something you need if you're at a restaurant or someplace and you don't have cash.
3. These ... I have to use these because my eyes are not very good. They have a frame and two hard pieces of glass in them.
4. This ... you get on this every time you're in a building and you don't want to use the stairs.
5. This thing ... I use this every day when I go to work by train. I just put it in the gate and go through.
6. You can use this to call someone from anywhere ... from your car or on the street.
7. Oh, this is useful. You can watch movies or recordings from television with it.
8. These little things ... you put them in your eyes and it doesn't look like you're wearing glasses.
9. If you need cash, you go to the bank and put it in the machine, and you can take money from your account.

▼訳

1. ええと……写真を撮るのにこれを使うんです。ファインダーをのぞき込んでこの小さなボタンを押すだけですよ。
2. ああ、これはレストランかどこか他の場所で現金を持っていないときに必要なものです。
3. これらは……私は目があまりよくないので使わなければなりません。フレームがあってその中に2枚の硬いレンズが付いています。
4. これは……建物の中にいて階段を使いたくないときはいつでもこれに乗ります。
5. これは……電車で通勤する際に，毎日使います。改札に入れて通過します。
6. これを使ってどこからでも誰かに電話できます。車からでも路上からでも。
7. ああ，これは役立ちますよ。それで映画やテレビから録画したものを観ることができます。
8. これらの小さなものは……目の中に入れると，めがねをかけているように見えません。
9. 現金が必要なときは銀行に行って，それを機械に挿入します。口座からお金を引き出せます。

《解答》

1―(ア) 2―(エ) 3―(キ) 4―(イ) 5―(オ) 6―(ク) 7―(ウ) 8―(ケ)
9―(カ)

聞き取りのポイント

1. Um... you use this to take pictures. You just look in the viewer and press this little button.   * button ＞ bu'on   tt, dd は脱落します。cotton ＞ co'on なども同じ。

2. Oh, this is something you need if you're at a restaurant or someplace and you don't have cash.   *somethingの[ŋ]は[n]になりやすい。

   → and＋you ［アンヂュ］
   《and の連結の例》
   　　would you ＞ wouldju　　　　　　　and　you ＞ anju
   　　house and car ＞ house'n'car「家と車」　go and see ＞ go'n'see「会いに行く」

3. These... I have to use these because my eyes are not very good. They have a frame
   　　　　　　　*前置詞の to は弱形なので［ハフタ］となります。
   and two hard pieces of glass in them.
   　　　　　　　　　　　　* th の音が脱落します…them ＞ 'em［イム］

4. This... you get on this every time you're in a building and you don't want to use the stairs.　　*破裂音の t と母音の o が連結して［ゲッロン］となる。

7. Oh, this is useful. You can watch movies(↗) or recordings(↘) from television with it.　　　　　　　　　　　　* o の脱落：or ＞ 'r

8. These little things... you put them in your eyes and it doesn't look like you're wearing glasses.　　　*［プッデム］　　　　　　　　*［ルッライク］

9. If you need cash, you go to the bank and put it in the machine, and you can take
   　　　　　　　　　　　　　　*［ベァ～ンク］
   money from your account.
   　　　　* from は弱形［フム］。

Listening Drill ⑳

UNIT 1　やや長い会話の聞き取り　　　　　　　　　　　　【Level 3】

▼放送文

【No. 1】

Man : Good afternoon, City Library. How can I help you?
Yuki : Hello. What time are you open on Saturdays?
Man : On Saturdays and Sundays we're open from 9:30 to 5:30.
Yuki : Is that the same for Monday through Friday?
Man : No, from Monday to Friday we're open from 9:00 to 6:00.
Yuki : How do I get there from First Street Station?
Man : It's easy. Turn left and walk five minutes.
Yuki : Thank you very much.
Man : You're welcome.
Question: What time is the City Library open on Sundays?

【No. 2】

Reiko : Mark, let's go to a movie this weekend. Are you busy?
Mark : A little. When do you want to go, Reiko?
Reiko : Can you go Saturday afternoon?
Mark : No, sorry. I have a swimming lesson. How about Sunday afternoon? Are you free then?
Reiko : Well, I have to meet a friend for lunch at one o'clock. I can meet you at the station at three. Is that OK?
Mark : Sure. Let's meet at the station.
Reiko : OK. See you then. Bye.
Mark : Bye.
Question: When will Reiko and Mark meet?

▼訳

【No. 1】

男　：こんにちは。市立図書館です。ご用件は？
ユキ：もしもし。土曜日は何時に開館していますか。
男　：毎週土曜日と日曜日は9時30分から5時30分までです。
ユキ：月曜日から金曜日も同じですか。
男　：いいえ，月曜日から金曜日までは9時から6時までです。
ユキ：ファーストストリート駅からどうやって行けばいいですか。
男　：簡単です。左に曲がって，5分歩いてください。

ユキ： どうもありがとうございました。
男　： どういたしまして。
質問： 「市立図書館は毎週日曜日は何時に開館していますか」

【No. 2】
レイコ： マーク，今週の週末，映画に行きましょうよ。忙しい？
マーク： 少しね。いつ行きたいの，レイコ。
レイコ： 土曜日の午後は都合は？
マーク： 悪いけど，スイミングのレッスンがあるんだ。日曜日の午後はどう？ 君のほうは時間とれる？
レイコ： ええと，1時に友達と昼食をするので会うことになってるの。3時になら駅で会うことができるけど，どう？
マーク： いいよ。駅で会おう。
レイコ： ＯＫ。じゃあそのとき，また。
マーク： じゃあね。
質問： 「レイコとマークはいつ会うのですか」

《解答》
No. 1―(ウ)　　No. 2―(エ)

UNIT 2　電話による会話の聞き取り　　　　【Level 2】

▼放送文
【No. 3】
店員： Hello. This is Star Restaurant. May I help you?
客　： Yes. I want a table for three people for this evening.
店員： A table for three? All right. What time?
客　： Seven o'clock.
店員： OK. May I have your name, please?
客　： My name is Mary White.
店員： Pardon?

▼訳
【No. 3】
店員： もしもし，こちらスターレストランです。ご用件は？
客　： はい。今晩3人用のテーブルを予約したいのですが。
店員： お3人様ですか。かしこまりました。お時間は？
客　： 7時です。

46

店員： 承知いたしました。お名前いただけますか。
客　： メアリーホワイトです。
店員： もう一度おっしゃっていただけますか。

―《解答》――――――――――――――――――――――――
No. 3―(エ)

Listening Power Up!

同じものをたてつづけに何回も聞いていると，つい記憶に頼った学習に陥ることがあるので，何日か間を置いて聴くようにしましょう。そうすれば記憶に頼らない学習ができます。

学習のポイント

●強弱だけでなくリズムに慣れよう

英語は音の強弱を使い，ビートを利かせて話す言葉です。

　　Please **se**nd it to me to**day**, and I'll **fi**nish it by the **week**end.
　　　　　　●　　　　　　　●　　　　●　　　　　　　●

「今日私にそれを送ってください。週末までに仕上げますから」

英語では，**強勢と次の強勢の間の時間は一定**です。その間の弱い部分に入る語数が何語であろうと，全体のテンポは変わらないのです。となると，その間に入る語数が多くなればなるほど，すばやく発音して決まった時間の中に入れ込まなくてはならなくなります。したがって"nd it to me to"の部分は"and I'll"の部分と比べると話すスピードがずっと速くなるわけです。

石井 雅勇
Masayu ISHII

　医学部予備校代官山 MEDICAL 学院長。英語教育研究家。兵庫県姫路市市長よりひめじ観光大使に任命される。毎年毎年，一人ひとりをしっかり面倒見て，能力を引出し，1年で医学部合格の栄冠を多くの生徒に勝ち取らせている実力講師の一人。
　早稲田大学時代からニューヨークやロンドンへ長期留学し，異文化に慣れ親しむ。Tokyo でもアメリカ人・カナダ人・オーストラリア人とルームシェアし，朝から晩まで24時間"英語"で生活する。国によって地域によって，英語のイントネーション・スピードすべてが異なることに大いに興味を抱く。

＊　　　　＊　　　　＊

　著書に，『石井雅勇センターリスニング講義の実況中継』，『石井看護医療技術系英語講義の実況中継』，『ビジネス英会話 Make it!』，『TOEIC テスト速攻！ 耳トレ勉強法』，『朝イチ10分ビジネス英会話トレーニング』（以上，語学春秋社），『英単語 WIZ1900』（Z会），『石井雅勇の「前置詞」がスーッとわかる本』（あすとろ出版），『快速英熟語構文』（文英堂），『9コマまんがで楽しむ英語 笑うコマ単』（小学館），『聞きとれる、話せる英語音』，『1週間で TOEIC200 点アップの突破法！』（以上，講談社），『医学部・薬・歯・医療看護系の必修［英単語］』（太陽出版）など他多数。

《英文吹込》
● クリス・コプロスキー（Chris Koprowski）
　アメリカ・ミネソタ州出身。

● アニタ・スグナン（Anita Sugunan）
　カナダ・トロント出身。

6段階マルチレベル・リスニング　グリーンコース

2016年7月20日　初版発行　　　　　　　（定価は表紙に表示）

著　者	石井雅勇
発行人	井村　敦
発行所	㈱語学春秋社 東京都新宿区新宿 1-10-3 TEL 03(5315)4210 http://www.goshun.com
デザイン	トーキョー工房
印刷・製本	壮光舎印刷

©2016 Masayu ISHII
ISBN978-4-87568-778-8

落丁・乱丁本はお取り替えいたします。
BG07CA/B-B/Si